सीमाओं से परे

पुरुष-प्रधान क्षेत्रों में महिलाओं की सफलता

डॉ. मीनाक्षी बंसल

|| समस्त संसार के ज्ञान-प्रेमियों को समर्पित ||

जो सत्य की खोज में, ज्ञान की राह पर अग्रसर हैं।
जिनकी जिज्ञासा कभी थमती नहीं, और जिनका उद्देश्य केवल आत्मविकास ही
नहीं, बल्कि संसार के कल्याण का भी है—यह कृति उन सभी साधकों को सादर
अर्पित है।

क्रम-सूची

क्रम-सूची

क्रम-सूची

प्रार्थना

ॐ भद्रं कर्णेभिः शृणुयाम देवाः।
भद्रं पश्येमाक्षभिर्यजत्राः।
स्थिरैरंगैस्तुष्टुवांसस्तनूभिः।
व्यशेम देवहितं यदायुः।
स्वस्ति न इंद्रो वृद्धश्रवाः।
स्वस्ति नः पूषा विश्ववेदाः।
स्वस्ति नस्ताक्ष्र्यो अरिष्टनेमिः।
स्वस्ति नो बृहस्पतिर्दधातु।
ॐ शांतिः शांतिः शांतिः।

यह मंत्र सार्वभौमिक कल्याण के लिए प्रार्थना है। इसमें विभिन्न देवताओं से सुरक्षा, स्वास्थ्य और सुख के लिए आशीर्वाद की याचना की गई है। यह मंत्र सभी इंद्रियों से शुभ का अनुभव करने और दिव्य उद्देश्य के साथ जीवन जीने के महत्व को रेखांकित करता है।

इंद्र, पूषा, ताक्ष्र्य (गरुड़) और बृहस्पति की कृपा से यह प्रार्थना जीवन में कल्याण और शांति की कामना करती है। अंत में "ॐ शांतिः शांतिः शांतिः" तीन बार दोहराने का अर्थ है - व्यक्तिगत, पर्यावरणीय, और वैश्विक स्तर पर शांति की गहन कामना। यह मंत्र शांति, समृद्धि और सभी प्राणियों के शारीरिक एवं आध्यात्मिक कल्याण के लिए पाठ किया जाता है।

लेखिका के बारे में

डॉ. मीनाक्षी बंसल, जो भारत की राजधानी दिल्ली में जन्मीं, ने अपनी ज़िंदगी कला, शिक्षा, और समाज कल्याण के प्रति गहरी प्रतिबद्धता के साथ बिताई है। विवाह के बाद, उन्होंने अहमदाबाद, गुजरात को अपना नया निवास स्थान बनाया, जहाँ वे प्रेरणा का स्रोत बनकर उभरीं। डॉ. मीनाक्षी न केवल ललित कला की कुशल कलाकार हैं, बल्कि एक प्रतिष्ठित लेखिका, समर्पित समाजसेविका और मनोविज्ञान की विद्वान शोधकर्ता भी हैं। उनका जीवन, विशेष रूप से समाज के वंचित और पिछड़े बच्चों के उत्थान के प्रति समर्पण, सहभागिता और सहानुभूति की शक्ति में उनके गहरे विश्वास का परिचायक है।

अपने प्रारंभिक दिनों से ही मीनाक्षी ने पढ़ने के प्रति एक अदम्य लगन दिखाई। उनके साहित्यिक संसार में नैतिक कहानियाँ, प्रेरणादायक कथाएँ, और जीवन पाठों से परिपूर्ण पौराणिक गाथाएँ शामिल थीं। यह पढ़ने की आदत केवल व्यक्तिगत विकास के लिए नहीं थी, बल्कि छात्रों और सहकर्मियों के विकास के लिए इन कहानियों के सार को साझा करने की इच्छा से प्रेरित थी। वे विशेष रूप से आदि शंकराचार्य, स्वामी विवेकानंद, डॉ. एपीजे अब्दुल कलाम, महामना पंडित मदन मोहन मालवीय, महात्मा गांधी, सरदार वल्लभभाई पटेल, और विनोबा भावे जैसे ऐतिहासिक और आध्यात्मिक नेताओं के जीवन और शिक्षाओं से प्रभावित थीं। उनके विचार और जीवन कथाएँ मीनाक्षी को दृढ़ता, निःस्वार्थता और ज्ञान की खोज के आदर्शों को अपनाने के लिए प्रेरित करती रहीं।

डॉ. मीनाक्षी का मनोविज्ञान में शैक्षणिक और व्यावहारिक योगदान भी उल्लेखनीय है। एक शोधकर्ता के रूप में, उनका ध्यान मानव मन की जटिलता को समझने और मनोवैज्ञानिक कल्याण और सामाजिक समरसता के लिए संभावनाओं को उजागर करने पर केंद्रित रहा है। उनके सामाजिक कार्यों में, वे अपने अकादमिक ज्ञान को समाज के वंचित वर्गों के जीवन में वास्तविक परिवर्तन लाने के लिए उपयोग करती हैं। उनका समाज सेवा का दृष्टिकोण पारंपरिक ज्ञान और आधुनिक मनोवैज्ञानिक पद्धतियों का अनूठा संयोजन है, जो समाज के बहुआयामी मुद्दों का समाधान करता है।

उनकी कलात्मक प्रतिभाएँ, जो उनके विविध कौशल का एक और पहलू हैं, केवल व्यक्तिगत रुचि तक सीमित नहीं हैं। उनकी कला प्रतीकात्मकता और भावनात्मक गहराई से भरपूर होती है, जो उनके दार्शनिक विचारों और सामाजिक चिंताओं को व्यक्त करती है। उनकी रचनाएँ दर्शकों को उनके बुद्धिमत्ता और करुणा की गहराई में झांकने का अवसर प्रदान करती हैं।

कला और समाज विज्ञान के अतिरिक्त, डॉ. मीनाक्षी ने प्राणिक हीलिंग की उपचार कला में भी महारत हासिल की है, जिसे मास्टर चोआ कोक सुई ने विकसित किया था। यह पद्धति, जो शरीर और आभा को ठीक करने के लिए प्राण या जीवन ऊर्जा के उपयोग पर केंद्रित है, न केवल उनके लिए एक व्यक्तिगत खोज रही है, बल्कि दूसरों को उपचार प्रदान करने का एक माध्यम भी है। प्राणिक हीलिंग में उनकी दक्षता विभिन्न प्रकार के ध्यान सिखाने और अभ्यास के साथ पूरी होती है, जो व्यक्तियों और समुदायों में पुनरुत्थान, व्यक्तिगत विकास और समरसता के संवर्धन पर केंद्रित है।

डॉ. मीनाक्षी का जीवन केवल व्यक्तिगत उपलब्धियों की खोज नहीं है, बल्कि समाज के उत्थान और सशक्तिकरण के प्रति समर्पित एक यात्रा है। उनकी विविध रुचियाँ और प्रतिभाएँ—कला, साहित्य, मनोविज्ञान, और उपचार पद्धतियों को जोड़ती हुई—सेवा के एकमात्र पथ पर केंद्रित हैं। वे उन महान हस्तियों की भावना को आत्मसात करती हैं, जिन्होंने उन्हें प्रेरित किया, और अपने कार्यों और शिक्षाओं के माध्यम से उनकी विरासत को आगे बढ़ाती हैं। अपनी पुस्तकों, कला और सामाजिक पहलों के माध्यम से, वे नई पीढ़ी को आत्म-खोज, दृढ़ता और निःस्वार्थता की यात्रा पर चलने के लिए प्रेरित करती हैं।

समाज कल्याण के प्रति उनकी प्रतिबद्धता, विशेष रूप से वंचित बच्चों के उत्थान पर ध्यान केंद्रित करना, शिक्षा और व्यक्तिगत विकास की परिवर्तनकारी क्षमता की उनकी गहरी समझ को दर्शाती है। मनोविज्ञान, कलात्मक संवेदनशीलता और उपचार पद्धतियों के ज्ञान को जोड़कर, डॉ. बंसल ने एक समग्र दृष्टिकोण विकसित किया है जो न केवल तात्कालिक आवश्यकताओं बल्कि समुदायों की दीर्घकालिक भलाई को भी संबोधित करता है।

एक लेखिका के रूप में, डॉ. मीनाक्षी की रचनाएँ प्रेरणादायक अंतर्दृष्टियों,

व्यावहारिक ज्ञान और उनके विस्तृत अध्ययन और जीवन के अनुभवों से लिए गए चिंतनशील विचारों का मिश्रण प्रस्तुत करती हैं। उनकी पुस्तकें उन लोगों के लिए मार्गदर्शिका के रूप में कार्य करती हैं, जो जीवन की जटिलताओं को अनुग्रह, दृढ़ता और उद्देश्य के साथ नेविगेट करना चाहते हैं। अपनी कहानियों के माध्यम से, वे अपने पाठकों को अपने भीतर की गहराइयों का पता लगाने और समाज की सामूहिक भलाई में अर्थपूर्ण योगदान देने के लिए आमंत्रित करती हैं।

डॉ. मीनाक्षी बंसल में हमें एक अद्वितीय कलाकार, विद्वान, उपचारकर्ता और सामाजिक कार्यकर्ता का अद्भुत समन्वय मिलता है। उनका जीवन कार्य आशा का प्रतीक और दुनिया में बदलाव लाने की इच्छा रखने वाले व्यक्तियों के लिए प्रेरणा का स्रोत है। उनकी कहानी सहानुभूति और मानवता की भलाई के प्रति गहरी प्रतिबद्धता से प्रेरित व्यक्तिगत प्रयासों की शक्ति की एक प्रेरक याद दिलाती है। डॉ. मीनाक्षी की विरासत केवल उनके प्रयासों के ठोस परिणामों में नहीं है, बल्कि उस स्थायी जिज्ञासा, सहानुभूति और सेवा की भावना में है, जिसे वे प्रतिपादित करती हैं।

प्रस्तावना

मानव इतिहास के ताने-बाने में, महिलाओं ने लगातार लचीलापन, नवोन्मेष और बाधाओं को तोड़ने और काँच की छत को चकनाचूर करने के लिए अडिग संकल्प का प्रदर्शन किया है। "पुरुषों की बाधाओं से परे: पुरुष-प्रधान क्षेत्रों में सफल महिलाएँ" इस अदम्य भावना का प्रमाण है, जो उन असाधारण यात्राओं को दर्शाता है जहाँ महिलाओं ने न केवल जीवित रहने बल्कि उन उद्योगों में उत्कृष्ट प्रदर्शन किया है, जो पारंपरिक रूप से पुरुषों के प्रभुत्व वाले माने जाते थे।

एक ऐसी महिला होने के नाते जिसने इन क्षेत्रों की जटिलताओं और चुनौतियों का सामना किया है, मैंने प्रत्यक्ष रूप से देखा है कि यहाँ पैर जमाने, उत्कृष्टता प्राप्त करने और एक स्थायी छाप छोड़ने के लिए किस तरह की साहस और गरिमा की आवश्यकता होती है। यह पुस्तक उन अग्रदूतों को सम्मानित करने, उनकी आवाज़ को बुलंद करने और भविष्य की पीढ़ियों की महिलाओं को अपने जुनून को अडिग विश्वास के साथ आगे बढ़ाने के लिए प्रेरित करने की गहरी इच्छा से उत्पन्न हुई है।

इन पन्नों के भीतर, आप विविध पृष्ठभूमि और उद्योगों से जुड़ी महिलाओं की कहानियाँ पाएँगे, जो आशा और संभावना की मशाल हैं। बोर्डरूम से लेकर निर्माण स्थलों तक, प्रयोगशालाओं से लेकर खेल मैदान तक, इन महिलाओं ने अपेक्षाओं को चुनौती दी है, रूढ़ियों को तोड़ा है और दूसरों के लिए मार्ग प्रशस्त किया है।

यह पुस्तक केवल व्यक्तिगत कथाओं का संग्रह नहीं है; यह महिलाओं की सामूहिक शक्ति और लचीलापन का प्रमाण है। यह पुरुष-प्रधान क्षेत्रों में महिलाओं द्वारा सामना की गई विशिष्ट चुनौतियों और उन नवोन्मेषी समाधानों की खोज है जो उन्होंने इन पर विजय पाने के लिए अपनाए हैं। यह मेंटरशिप, बहनापे और एक-दूसरे को ऊपर उठाने की शक्ति का उत्सव है।

मेरी आशा है कि "पुरुषों की बाधाओं से परे" महिलाओं के लिए प्रेरणा, मार्गदर्शन और एकजुटता का स्रोत बने। यह आपके भीतर वह आग जगाए जिससे आप अपने सपनों का पीछा करें, यथास्थिति को चुनौती दें और आपके रास्ते में आने वाली किसी भी बाधा को तोड़ दें। याद रखें, आपकी संभावनाएँ असीमित हैं और आपकी

दुनिया में योगदान अमूल्य है।

अग्रदूतों, नवाचारकर्ताओं और बदलाव लाने वालों को: यह पुस्तक आपके लिए है। आपकी कहानियाँ आने वाली पीढ़ियों की महिलाओं को प्रेरित और सशक्त करती रहें।

डॉ. मीनाक्षी बंसल
सामाजिक कार्यकर्ता
अहमदाबाद, गुजरात, भारत

1

नई राह बनाने वाली महिलाएँ

इतिहास के पन्नों में महिलाएँ हमेशा से मौजूद रही हैं, लेकिन उनके योगदान अक्सर छिपा दिए गए या कम आंके गए। फिर भी, भारी विपरीत परिस्थितियों में, अनगिनत महिलाओं ने सामाजिक अपेक्षाओं को चुनौती दी, बाधाएँ तोड़ीं और पारंपरिक रूप से पुरुष-प्रधान क्षेत्रों में नई राह बनाई। उनकी कहानियाँ दृढ़ता, संकल्प और अपनी क्षमताओं पर अटूट विश्वास की गाथाएँ हैं।

"काँच की छत" शब्द गढ़े जाने से बहुत पहले, महिलाएँ अदृश्य बाधाओं को धकेलने का प्रयास कर रही थीं। उन्होंने भेदभाव, पूर्वाग्रह और बहिष्कार का सामना किया, फिर भी वे अडिग रहीं। विज्ञान के क्षेत्र में, मैरी क्यूरी जैसी महिलाओं ने लिंग आधारित मानदंडों को तोड़ा और रेडियोधर्मिता को समझने में क्रांति लाई, जिसके लिए उन्हें एक नहीं बल्कि दो नोबेल पुरस्कार मिले। उनके शोध ने भौतिकी और चिकित्सा में अनगिनत खोजों के लिए मार्ग प्रशस्त किया।

उड्डयन की दुनिया में, एमिलिया ईयरहार्ट ने उस समय महिलाओं के सशक्तिकरण का प्रतीक बनकर आकाश को छुआ, जब महिलाओं को कार चलाने तक की अनुमति मुश्किल से मिलती थी। उनकी साहसिक भावना और अडिग संकल्प ने महिलाओं की पीढ़ियों को अपने सपनों को पाने के लिए प्रेरित किया, चाहे वे कितने भी साहसी क्यों न हों।

राजनीतिक क्षेत्र में, एलेनोर रूज़वेल्ट और इंदिरा गांधी जैसी महिलाओं ने पारंपरिक प्रथम महिला की छवि को तोड़ते हुए खुद को प्रभावशाली व्यक्तित्व के रूप में स्थापित किया। उन्होंने सामाजिक न्याय, मानवाधिकार और समानता के लिए संघर्ष किया और विश्व मंच पर अमिट छाप छोड़ी।

ये पथप्रदर्शक महिलाएँ केवल अपवाद नहीं थीं; वे अग्रणी थीं जिन्होंने अनगिनत अन्य महिलाओं के लिए रास्ता बनाया। उनके साहस और दृढ़ता ने उन दरवाजों को खोला जो लंबे समय से महिलाओं के लिए बंद थे। उन्होंने यथास्थिति को चुनौती दी और साबित किया कि लिंग उपलब्धि में बाधा नहीं है।

पुरुष-प्रधान क्षेत्रों में समानता के लिए संघर्ष लंबा और कठिन रहा है। महिलाओं को गंभीरता से लिया जाने, सुने जाने और सम्मानित होने के अपने अधिकार के लिए लड़ना पड़ा है। उन्हें समाज में सदियों से गहराई तक जमे हुए पूर्वाग्रहों और रूढ़ियों को तोड़ना पड़ा है।

इन चुनौतियों के बावजूद, महिलाएँ निरंतर आगे बढ़ी हैं। उन्होंने चिकित्सा, कानून, इंजीनियरिंग और व्यवसाय से लेकर हर क्षेत्र में उत्कृष्ट प्रदर्शन किया है। वे सीईओ, अंतरिक्ष यात्री, वैज्ञानिक, कलाकार और खिलाड़ी बनी हैं। उन्होंने रिकॉर्ड तोड़े, पुरस्कार जीते और इतिहास रचा।

इन महिलाओं की कहानियाँ केवल प्रेरणादायक नहीं हैं; वे आवश्यक हैं। वे हमें दिखाती हैं कि जब हम सामाजिक अपेक्षाओं से बंधने से इनकार करते हैं, तो क्या संभव हो सकता है। वे हमें याद दिलाती हैं कि हम महान चीजें हासिल करने में सक्षम हैं, चाहे हमारा लिंग कुछ भी हो।

ये महिलाएँ आने वाली पीढ़ियों के लिए आदर्श हैं। वे हमें दृढ़ता, लचीलापन और आत्म-विश्वास का महत्व सिखाती हैं। वे हमें दिखाती हैं कि यदि हम ठान लें तो किसी भी बाधा को पार कर सकते हैं।

लैंगिक समानता के लिए संघर्ष अभी समाप्त नहीं हुआ है। महिलाएँ अभी भी जीवन के कई क्षेत्रों में भेदभाव और असमानता का सामना करती हैं। लेकिन जो प्रगति हुई है, वह अचूक है। जिन पथप्रदर्शक महिलाओं ने हमारे लिए रास्ता

बनाया, उनके कारण आज की दुनिया महिलाओं के लिए अधिक समानतापूर्ण है।

हम इन अग्रणी महिलाओं के प्रति आभार व्यक्त करते हैं। उन्होंने हमें रास्ता दिखाया है, और अब यह हमारी ज़िम्मेदारी है कि हम उनकी विरासत को आगे बढ़ाएँ। हमें समानता के लिए लड़ना जारी रखना चाहिए, बाधाओं को तोड़ना चाहिए और एक ऐसी दुनिया बनानी चाहिए जहाँ सभी महिलाओं को अपनी पूरी क्षमता तक पहुँचने का अवसर मिले।

पुरुष-प्रधान क्षेत्रों में नई राह बनाने वाली महिलाएँ केवल नायिका नहीं हैं; वे आशा की किरण हैं। वे हमें याद दिलाती हैं कि जब हम बड़े सपने देखने और उन्हें पूरा करने के लिए कड़ी मेहनत करने का साहस करते हैं, तो कुछ भी असंभव नहीं है। उनकी कहानियाँ मानवीय भावना की शक्ति का प्रमाण हैं और वे आने वाली पीढ़ियों को प्रेरित करती रहेंगी।

"उसने केवल काँच की छत को तोड़ा नहीं, बल्कि उसे चकनाचूर कर दिया, और दुनिया को संभावनाओं के एक इंद्रधनुष से नहलाया।"

2

अपेक्षाओं को ठुकराते हुएः दृढ़ता और संकल्प की कहानियाँ

मानव प्रगति की कथा उन कहानियों से भरी पड़ी है जो दृढ़ता और संकल्प को दर्शाती हैं, उन व्यक्तियों की, जिन्होंने साहस के साथ सामाजिक मान्यताओं को चुनौती दी। ये उन लोगों की कहानियाँ हैं जिन्होंने सभी बाधाओं के बावजूद adversity को पार किया और साबित किया कि मानव आत्मा अदम्य है। इतिहास में, अनगिनत लोगों ने असंभव प्रतीत होने वाली चुनौतियों का सामना किया, फिर भी उन्होंने अडिग होकर प्रयास जारी रखा, और उनकी दृढ़ता दूसरों के लिए प्रेरणा का स्रोत बन गई।

मलाला यूसुफजई की कहानी को देखें, जो एक पाकिस्तानी कार्यकर्ता हैं और जिन्होंने कम उम्र में ही तालिबान के लड़कियों की शिक्षा पर लगाए प्रतिबंध का विरोध किया। जान से मारने की धमकियों और हत्या के प्रयास का सामना करने के बावजूद, मलाला की बच्चों की शिक्षा के अधिकार को आगे बढ़ाने की दृढ़ता अडिग रही। उनकी साहस और दृढ़ता ने एक वैश्विक आंदोलन को प्रेरित किया और उन्हें नोबेल शांति पुरस्कार दिलाया, जिससे वह इतिहास की सबसे कम उम्र की विजेता बनीं।

खेल जगत ने भी दृढ़ता के अद्वितीय उदाहरण देखे हैं। अमेरिकी एथलीट विल्मा

रूडॉल्फ ने बचपन में पोलियो और फिर कभी चल पाने में असमर्थ होने के निदान को पीछे छोड़ते हुए एथलेटिक्स में तीन बार ओलंपिक स्वर्ण पदक जीता। उनकी कहानी दृढ़ता की शक्ति और शारीरिक सीमाओं को पार करने की मानवीय भावना का प्रमाण है।

विज्ञान और नवाचार के क्षेत्र में, स्टीफन हॉकिंग ने चिकित्सा अपेक्षाओं को झुठला दिया। 21 वर्ष की आयु में उन्हें एमियोट्रोफिक लेटरल स्क्लेरोसिस (एएलएस) का निदान मिला और जीवन की कुछ ही वर्षों की उम्मीद जताई गई। फिर भी उन्होंने एक लंबा और उत्पादक जीवन जिया और ब्लैक होल और ब्रह्मांड की उत्पत्ति पर अपने मौलिक सिद्धांतों से हमारी समझ में क्रांति ला दी। उनकी जीवन गाथा इस बात की याद दिलाती है कि शारीरिक चुनौतियों के बावजूद मानव मस्तिष्क असाधारण उपलब्धियों के लिए सक्षम है।

दृढ़ता केवल व्यक्तियों तक ही सीमित नहीं है; यह समुदायों और राष्ट्रों की भी परिभाषित विशेषता है। द्वितीय विश्व युद्ध के बाद जापान की पुनर्निर्माण की कहानी एक राष्ट्र की सामूहिक दृढ़ता का प्रमाण है। भारी विनाश और हानि का सामना करने के बावजूद, जापानी लोगों ने अपने राष्ट्र का पुनर्निर्माण किया, उसे एक आर्थिक महाशक्ति और प्रौद्योगिकी व नवाचार में वैश्विक नेता के रूप में बदल दिया।

हाल के समय में, कोविड-19 महामारी ने वैश्विक स्तर पर एक चुनौती प्रस्तुत की जिसने व्यक्तियों, समुदायों और स्वास्थ्य प्रणालियों की दृढ़ता की परीक्षा ली। फिर भी, इस संकट और क्षति के बीच, साहस और संकल्प की कहानियाँ उभर कर आईं। अग्रिम पंक्ति के स्वास्थ्यकर्मी, जो दूसरों को बचाने के लिए अपने जीवन को खतरे में डाल रहे थे, आशा और दृढ़ता के प्रतीक बन गए। समुदाय एक-दूसरे का समर्थन करने के लिए एकजुट हुए, संकट के समय में मानवीय संबंधों की शक्ति का प्रदर्शन किया।

दृढ़ता और संकल्प की ये कहानियाँ हमें याद दिलाती हैं कि adversity अंत नहीं है, बल्कि विकास और परिवर्तन का एक अवसर है। ये हमें सिखाती हैं कि असफलताएँ और झटके स्थायी नहीं हैं, बल्कि सफलता के मार्ग पर कदम रखने के पत्थर हैं। ये हमें चुनौतियों को अपनाने, adversity का सामना करने और अपने

सपनों का पीछा न छोड़ने के लिए प्रेरित करती हैं।

जीवन की चुनौतियों का सामना करने में दृढ़ता का महत्व असीम है। यह असफलताओं से उबरने, बदलाव के अनुकूल होने और adversity में शक्ति खोजने की क्षमता है। दृढ़ता का अर्थ दर्द या कठिनाई से बचना नहीं है, बल्कि उनसे निपटने और उन्हें पार करने के तरीके ढूँढना है।

दृढ़ता विकसित करना एक आजीवन यात्रा है। इसमें सकारात्मक दृष्टिकोण अपनाना, मजबूत सामाजिक संबंध बनाना, असफलताओं से सीखना और अपनी शारीरिक और मानसिक सेहत का ध्यान रखना शामिल है। यह अपनी ताकत और कमजोरियों को पहचानने और अपनी ताकतों का लाभ उठाने और कमजोरियों को दूर करने के तरीके खोजने के बारे में है।

एक ऐसी दुनिया में जो लगातार बदल रही है और नई चुनौतियाँ प्रस्तुत कर रही है, दृढ़ता एक आवश्यक जीवन कौशल है। यह adversity का सामना करते हुए फलने-फूलने, अपने लक्ष्यों को हासिल करने और एक संतोषजनक जीवन जीने की कुंजी है। जो लोग अपेक्षाओं को ठुकराकर और चुनौतियों को पार करके आगे बढ़ते हैं, उनकी कहानियाँ हमें यह याद दिलाती हैं कि मानव आत्मा दृढ़ है और संकल्प और दृढ़ता के साथ, हम किसी भी बाधा को पार कर सकते हैं।

दृढ़ता और संकल्प की ये कहानियाँ केवल व्यक्तिगत जीत की कहानियाँ नहीं हैं; वे मानव आत्मा की अनुकूलन, पार करने और फलने-फूलने की क्षमता का प्रतिबिंब हैं। वे हमें चुनौतियों को अपनाने, adversity का सामना करने और अपने सपनों का पीछा न छोड़ने के लिए प्रेरित करती हैं। वे हमें याद दिलाती हैं कि हम असाधारण उपलब्धियों के लिए सक्षम हैं और हमारी संभावनाएँ असीम हैं।

"दृढ़ता का अर्थ डर की अनुपस्थिति नहीं है, बल्कि उस पर विजय पाना है।"

3

सांचों को तोड़ते हुए: कार्यस्थल में लैंगिक रूढ़ियों को चुनौती देना

लैंगिक रूढ़ियाँ, जो सामाजिक मान्यताओं और अपेक्षाओं में गहराई तक बसी हुई हैं, लंबे समय से कार्यस्थल पर एक साये की तरह बनी हुई हैं। ये रूढ़ियाँ अवसरों को सीमित करती हैं और पुरुषों और महिलाओं दोनों के लिए प्रगति में बाधा डालती हैं। ये पुरानी धारणाएँ पुरुषत्व और स्त्रैणता को परिभाषित करती हैं और तय करती हैं कि प्रत्येक लिंग के लिए कौन से कार्य और व्यवहार उपयुक्त माने जाते हैं। हालाँकि, एक बढ़ता हुआ आंदोलन इन रूढ़ियों को चुनौती दे रहा है, सांचों को तोड़ रहा है और अधिक समावेशी और न्यायसंगत कार्यस्थल का मार्ग प्रशस्त कर रहा है।

कार्यस्थल में लैंगिक रूढ़ियों के प्रभाव व्यापक होते हैं। महिलाओं के लिए, ये रूढ़ियाँ अक्सर उन्हें कम आंका जाने और उनकी कद्र कम होने का कारण बनती हैं। उन्हें उनके पुरुष सहकर्मियों की तुलना में कम सक्षम या आत्मविश्वासी माना जा सकता है, जिससे पदोन्नति और नेतृत्व भूमिकाओं के अवसर छूट जाते हैं। पारंपरिक रूप से पुरुष-प्रधान क्षेत्रों, जैसे कि एसटीईएम, में महिलाओं को उनकी क्षमताओं के प्रति पूर्वाग्रह और धारणाओं के कारण अतिरिक्त बाधाओं का सामना करना पड़ता है।

पुरुष भी लैंगिक रूढ़ियों से प्रभावित होते हैं। वे पारंपरिक पुरुषत्व की धारणाओं का पालन करने के लिए दबाव महसूस कर सकते हैं, जिससे उन्हें "अपुरुष" माने जाने वाले भावनाओं या रुचियों को दबाना पड़ता है। यह तनाव, थकावट और कार्यस्थल में प्रामाणिकता की कमी का कारण बन सकता है। इसके अलावा, जो पुरुष पारंपरिक रूप से महिला-प्रधान क्षेत्रों, जैसे कि नर्सिंग या शिक्षण, में करियर बनाते हैं, उन्हें कलंक और भेदभाव का सामना करना पड़ सकता है।

लैंगिक रूढ़ियों के सांचे को तोड़ने के लिए बहुआयामी दृष्टिकोण की आवश्यकता होती है। पहला महत्वपूर्ण कदम जागरूकता बढ़ाना और अचेतन पूर्वाग्रहों को चुनौती देना है। कई व्यक्तियों के भीतर ऐसे पूर्वाग्रह होते हैं जिनसे वे अनजान होते हैं, और ये कार्यस्थल में निर्णय लेने को प्रभावित कर सकते हैं। कर्मचारियों को अचेतन पूर्वाग्रह के बारे में शिक्षित करके और इसके प्रभावों को कम करने के लिए प्रशिक्षण प्रदान करके, संगठन अधिक समावेशी वातावरण बना सकते हैं।

सांचे को तोड़ने का एक और महत्वपूर्ण पहलू विविधता और समावेशन को बढ़ावा देना है। इसका अर्थ है एक ऐसी कार्यस्थल संस्कृति का निर्माण करना जहाँ सभी लिंगों, नस्लों, जातीयताओं, यौन झुकावों और क्षमताओं के लोग मूल्यवान और सम्मानित महसूस करें। इसका यह भी मतलब है कि भर्ती और पदोन्नति की प्रक्रियाएँ निष्पक्ष और न्यायसंगत हों, और सभी के लिए प्रगति के अवसर उपलब्ध हों।

मेंटरशिप और प्रायोजन कार्यक्रम भी लैंगिक रूढ़ियों को तोड़ने में महत्वपूर्ण भूमिका निभा सकते हैं। महिलाओं और कम प्रतिनिधित्व वाले समूहों को अनुभवी सलाहकारों और प्रायोजकों से जोड़कर, संगठन मूल्यवान मार्गदर्शन और समर्थन प्रदान कर सकते हैं, जिससे वे कार्यस्थल की चुनौतियों को पार कर सकें और अपनी पूरी क्षमता तक पहुँच सकें।

लचीले कार्य प्रबंधन भी अधिक समावेशी कार्यस्थल में योगदान कर सकते हैं। टेलीवर्किंग, लचीले समय और जॉब शेयरिंग जैसे विकल्प प्रदान करके, संगठन अपने कर्मचारियों की विविध आवश्यकताओं को पूरा कर सकते हैं, जिनमें देखभाल की जिम्मेदारियाँ निभाने वाले लोग भी शामिल हैं। यह महिलाओं और उन समूहों के लिए अवसरों को समान करने में मदद कर सकता है जो कार्य और

परिवार जीवन को संतुलित करने में कठिनाइयों का सामना कर सकते हैं।

इन संगठात्मक प्रयासों के अलावा, व्यक्तिगत स्तर पर भी लोग लैंगिक रूढ़ियों को चुनौती देने में भूमिका निभा सकते हैं। भेदभावपूर्ण व्यवहार के खिलाफ आवाज उठाकर, अपने और दूसरों के लिए वकालत करके और लैंगिक भूमिकाओं के बारे में धारणाओं को चुनौती देकर, व्यक्ति अधिक समावेशी कार्यस्थल संस्कृति बनाने में मदद कर सकते हैं।

लैंगिक रूढ़ियों के सांचे को तोड़ने के लाभ अनेक हैं। व्यक्तियों के लिए, इसका अर्थ है अपनी रुचियों और क्षमताओं का स्वतंत्र रूप से पालन करना, बिना समाज की अपेक्षाओं से सीमित हुए। इसका अर्थ है उनके योगदान की कद्र की जाए, चाहे उनका लिंग कुछ भी हो।

संगठनों के लिए, सांचे को तोड़ना नवाचार, रचनात्मकता और उत्पादकता में वृद्धि ला सकता है। अपने कर्मचारियों के विविध दृष्टिकोणों और अनुभवों का उपयोग करके, संगठन प्रतिस्पर्धात्मक लाभ प्राप्त कर सकते हैं और अपने ग्राहकों को बेहतर सेवा दे सकते हैं।

एक अधिक समावेशी कार्यस्थल समाज के लिए भी फायदेमंद होता है। लैंगिक रूढ़ियों को तोड़कर, हम एक अधिक न्यायसंगत दुनिया बना सकते हैं, जहाँ हर किसी को अपनी पूरी क्षमता तक पहुँचने का अवसर मिले।

लैंगिक रूढ़ियों को तोड़ने का सफर जारी है, लेकिन उल्लेखनीय प्रगति हुई है। अधिक से अधिक महिलाएँ नेतृत्व की भूमिकाओं में प्रवेश कर रही हैं, और संगठन विविधता और समावेशन के महत्व को पहचान रहे हैं। हालाँकि, अभी भी बहुत काम करना बाकी है।

अचेतन पूर्वाग्रहों को चुनौती देकर, विविधता और समावेशन को बढ़ावा देकर, और लचीले कार्य प्रबंधन का समर्थन करके, हम एक ऐसा कार्यस्थल बना सकते हैं जहाँ लैंगिक रूढ़ियाँ अतीत की बात हो जाएँ। यह एक ऐसा भविष्य है जिसके लिए प्रयास करना सार्थक है, जहाँ हर कोई फल-फूल सके, चाहे उनका लिंग कुछ भी हो।

"उसने सांचे को चुनौती दी, रूढ़ियों में सीमित होने से इनकार किया।"

उसने अलग तरीके से सपने देखने का साहस किया, एक अनदेखे मार्ग को गढ़ा, उसकी आत्मा व्यक्तिगतता की शक्ति का प्रमाण थी। उसकी विरासत हर महिला के लिए एक खाका है, जिससे वे अपनी शर्तों पर सफलता को फिर से परिभाषित कर सकें।

4

भूलभुलैया में मार्ग ढूँढना: पूर्वाग्रह और भेदभाव को पार करना

किसी भी क्षेत्र में सफलता का मार्ग शायद ही कभी सीधा होता है, लेकिन पुरुष-प्रधान क्षेत्रों में महिलाओं के लिए यह अक्सर एक भूलभुलैया जैसा होता है, जिसमें छिपे हुए पूर्वाग्रह और खुले भेदभाव से भरा होता है। ये बाधाएँ निराशाजनक और अधिकारों से वंचित करने वाली हो सकती हैं, लेकिन वे अजेय नहीं हैं। इस भूलभुलैया को पार करने के लिए दृढ़ता, रणनीतिक सोच और अडिग आत्मविश्वास का मिश्रण आवश्यक है।

पूर्वाग्रह, जो अक्सर अचेतन और गहराई तक जड़े होते हैं, सूक्ष्म तरीकों से प्रकट हो सकते हैं जो असमान परिस्थितियाँ पैदा करते हैं। छोटे-छोटे अपमान, जैसे बातों को बीच में काट देना या विचारों को नकार देना, आत्मविश्वास को कमजोर कर सकते हैं और एक शत्रुतापूर्ण वातावरण बना सकते हैं। अध्ययनों से पता चला है कि महिलाओं का मूल्यांकन उनके व्यक्तित्व गुणों के आधार पर अधिक किया जाता है, जबकि पुरुषों को उनके कार्यों का लाभ दिया जाता है। इसका परिणाम यह हो सकता है कि महिलाएँ पदोन्नति और नेतृत्व भूमिकाओं के लिए नजरअंदाज कर दी जाती हैं, भले ही वे अपने पुरुष समकक्षों की तुलना में समान या अधिक योग्य हों।

भेदभाव, दूसरी ओर, अधिक स्पष्ट होता है और कई रूपों में हो सकता है, जैसे असमान वेतन, सीमित अवसर, या सीधा उत्पीड़न। यह एक निराशाजनक अनुभव हो सकता है, जिससे महिलाएँ अलग-थलग और कम मूल्यवान महसूस करती हैं। हालाँकि, यह याद रखना महत्वपूर्ण है कि भेदभाव अवैध है और इसे कभी भी सहन नहीं किया जाना चाहिए।

पूर्वाग्रह और भेदभाव को पार करने के लिए बहुआयामी दृष्टिकोण की आवश्यकता होती है। सबसे पहले, यह मानना और स्वीकार करना आवश्यक है कि ये समस्याएँ मौजूद हैं। कई लोग अपने पूर्वाग्रहों या उनके प्रभाव से अनजान होते हैं। खुद को और दूसरों को अचेतन पूर्वाग्रह के बारे में शिक्षित करके, हम इसके प्रभावों को कम करने के लिए कदम उठा सकते हैं।

मजबूत समर्थन नेटवर्क का निर्माण भी महत्वपूर्ण है। इसमें ऐसे मेंटर, प्रायोजक, सहकर्मी, दोस्त और परिवार शामिल हो सकते हैं जो मार्गदर्शन, प्रोत्साहन और अपनी निराशा व्यक्त करने के लिए एक सुरक्षित स्थान प्रदान कर सकते हैं। समान क्षेत्रों में काम करने वाली अन्य महिलाओं के साथ नेटवर्क बनाना भी अमूल्य हो सकता है, जिससे समुदाय और साझा अनुभव की भावना पैदा होती है।

दृढ़ता विकसित करना पूर्वाग्रह और भेदभाव की भूलभुलैया को पार करने का एक और प्रमुख कारक है। इसका अर्थ है असफलताओं से उबरना सीखना, सकारात्मक दृष्टिकोण बनाए रखना और अपने लक्ष्यों पर ध्यान केंद्रित करना। इसका यह भी मतलब है कि तनाव और कठिनाइयों से निपटने के लिए तंत्र विकसित करना।

स्वयं की वकालत करना भी आवश्यक है। महिलाओं को अपने लिए बोलने, उचित वेतन और अवसरों के लिए बातचीत करने और भेदभावपूर्ण व्यवहार को चुनौती देने के लिए तैयार रहना चाहिए। यह भयभीत करने वाला हो सकता है, लेकिन यह एक अधिक न्यायसंगत कार्यस्थल बनाने के लिए आवश्यक है।

संगठन भी पूर्वाग्रह और भेदभाव का मुकाबला करने में भूमिका निभा सकते हैं। वे विविधता और समावेशन प्रशिक्षण लागू कर सकते हैं, भेदभाव के खिलाफ स्पष्ट नीतियाँ स्थापित कर सकते हैं और सम्मान और निष्पक्षता की संस्कृति बना सकते हैं। वे उन कर्मचारियों के लिए संसाधन और समर्थन भी प्रदान कर सकते हैं

जो भेदभाव का अनुभव करते हैं।

कभी-कभी कानूनी कार्रवाई भी आवश्यक हो सकती है। यदि भेदभाव का संदेह हो, तो घटनाओं का दस्तावेज़ीकरण करना और कानूनी पेशेवर से सलाह लेना महत्वपूर्ण है। भेदभाव के खिलाफ सुरक्षा के लिए कानून हैं, और एक सुरक्षित और न्यायसंगत कार्यस्थल बनाने के लिए नियोक्ताओं को जिम्मेदार ठहराना महत्वपूर्ण है।

पूर्वाग्रह और भेदभाव को पार करने का सफर आसान नहीं है, लेकिन यह आवश्यक है। साथ मिलकर काम करके, हम ऐसी दुनिया बना सकते हैं जहाँ हर किसी को फलने-फूलने का अवसर मिले, चाहे उनका लिंग कुछ भी हो। इसमें व्यक्तियों, संगठनों और समाज के सामूहिक प्रयास की आवश्यकता है।

हमें रूढ़ियों को चुनौती देना जारी रखना चाहिए, अपने और दूसरों के लिए वकालत करनी चाहिए और एक अधिक समावेशी और न्यायसंगत कार्यस्थल बनाने के लिए काम करना चाहिए। ऐसा करके, हम पूर्वाग्रह और भेदभाव की भूलभुलैया को नष्ट कर सकते हैं और सभी के लिए एक उज्जवल भविष्य का मार्ग प्रशस्त कर सकते हैं। यह मार्ग घुमावदार और चुनौतियों से भरा हो सकता है, लेकिन दृढ़ संकल्प, लचीलापन और अडिग आत्मविश्वास के साथ, हम विजयी होकर उभर सकते हैं, अपने लिए और आने वाली पीढ़ियों के लिए एक नया रास्ता बना सकते हैं।

"पूर्वाग्रह की भूलभुलैया को पार करते हुए, वह आशा की किरण बन गई।"

अडिग दृढ़ता के साथ, उसने बाधाओं को सीढ़ियों में बदल दिया। उसकी यात्रा ने दूसरों के लिए मार्ग को आलोकित कर दिया। उसकी कहानी दृढ़ता की शक्ति और समानता की खोज का प्रमाण है।

5

मेंटरशिप का महत्व: महिला रोल मॉडल की शक्ति

मानव विकास के ताने-बाने में, रोल मॉडल मार्गदर्शक प्रकाश की तरह काम करते हैं, सफलता और संतुष्टि की ओर बढ़ने के रास्ते को उजागर करते हुए। पुरुष-प्रधान क्षेत्रों में अपने रास्ते को तय करती महिलाओं के लिए महिला रोल मॉडल की शक्ति विशेष रूप से गहरी होती है। ये मेंटर्स केवल सलाह नहीं देते; वे चुनौतियों को पार करने का खाका, प्रेरणा का स्रोत और यह प्रमाण प्रदान करते हैं कि क्या संभव है।

मेंटरशिप का महत्व इस तथ्य में निहित है कि यह व्यक्तिगत और पेशेवर विकास को बढ़ावा देता है। मेंटर्स अपने अनुभवों के आधार पर मार्गदर्शन प्रदान करते हैं, जिससे मेंटी अपने चुने हुए क्षेत्रों की जटिलताओं को बेहतर ढंग से समझ पाती हैं। यह मार्गदर्शन आत्म-संदेह को दूर करने, आत्मविश्वास विकसित करने और करियर के बारे में सूचित निर्णय लेने में सहायक होता है।

पुरुष-प्रधान क्षेत्रों में काम करने वाली महिलाओं के लिए, महिला रोल मॉडल एक अनूठा प्रतिनिधित्व और समझ प्रदान करती हैं। वे समान रास्तों पर चली हैं, समान चुनौतियों का सामना किया है, और विजयी होकर उभरी हैं। उनकी दृढ़ता, संकल्प और सफलता की कहानियाँ आशा का प्रकाशस्तंभ हैं, यह दिखाते हुए कि

बाधाओं को तोड़ना और फलना-फूलना संभव है।

महिला मेंटर्स कार्यस्थल के अनलिखे नियमों के बारे में मूल्यवान जानकारी भी प्रदान करती हैं। वे कार्यालय की राजनीति, सहकर्मियों के साथ संबंध बनाने और आत्म-पक्षधरता के लिए रणनीतियाँ साझा कर सकती हैं। यह ज्ञान महिलाओं के लिए विशेष रूप से महत्वपूर्ण हो सकता है, जो सूक्ष्म पूर्वाग्रह और भेदभाव का सामना कर सकती हैं, जो उनकी प्रगति में बाधा डाल सकता है।

महिला रोल मॉडल का प्रभाव कार्यस्थल से परे तक फैला हुआ है। वे महिलाओं को अपने जुनून को आगे बढ़ाने, सामाजिक अपेक्षाओं को चुनौती देने और अपनी विशिष्ट ताकतों को अपनाने के लिए प्रेरित कर सकती हैं। वे महिलाओं को जोखिम उठाने, अपनी बात रखने और आत्मविश्वास के साथ नेतृत्व करने के लिए प्रोत्साहित कर सकती हैं।

अनुसंधानों से पता चला है कि मेंटर होने से महिला के करियर की प्रगति पर महत्वपूर्ण प्रभाव पड़ता है। मेंटीज़ के पदोन्नत होने, उच्च वेतन अर्जित करने और नौकरी की अधिक संतुष्टि की संभावना अधिक होती है। वे अपने चुने हुए क्षेत्रों में बने रहने की भी अधिक संभावना रखते हैं, जिससे एक अधिक विविध और समावेशी कार्यबल में योगदान मिलता है।

महिला रोल मॉडल की शक्ति केवल औपचारिक मेंटरशिप कार्यक्रमों तक सीमित नहीं है। इसे उन महिलाओं की कहानियों में भी पाया जा सकता है जिन्होंने अपने चुने हुए क्षेत्रों में सफलता हासिल की है। ये कहानियाँ, चाहे किताबों, लेखों या सोशल मीडिया के माध्यम से साझा की गई हों, महिलाओं को अपने सपनों को आगे बढ़ाने के लिए प्रेरित और प्रोत्साहित कर सकती हैं।

विभिन्न क्षेत्रों में नेतृत्व की भूमिकाओं में महिलाओं का उदय मेंटरशिप की शक्ति का प्रमाण है। जिन महिलाओं को मेंटरशिप से लाभ मिला है, वे अब इसे आगे बढ़ा रही हैं, अगली पीढ़ी की महिला नेताओं का मार्गदर्शन कर रही हैं। यह एक पुण्य चक्र बनाता है, जहाँ एक महिला की सफलता अनगिनत अन्य महिलाओं को सशक्त और प्रेरित करती है।

हालाँकि, महिला रोल मॉडल की शक्ति अचूक है, यह मानना महत्वपूर्ण है कि मेंटरशिप एक ही समाधान नहीं है। सबसे प्रभावी मेंटरशिप संबंध विश्वास, आपसी सम्मान और विकास के प्रति साझा प्रतिबद्धता पर आधारित होते हैं। यह भी महत्वपूर्ण है कि सभी महिलाओं को औपचारिक मेंटरशिप कार्यक्रमों तक पहुँच या अपने क्षेत्रों में सफल महिलाओं के साथ जुड़ने का अवसर नहीं मिलेगा।

हालाँकि, रोल मॉडल की शक्ति को अन्य तरीकों से भी अपनाया जा सकता है। महिलाएँ विभिन्न क्षेत्रों या अपने करियर के विभिन्न चरणों में मेंटर्स की तलाश कर सकती हैं। वे प्रेरणा और मार्गदर्शन काल्पनिक पात्रों, ऐतिहासिक शख्सियतों या अपनी माँ और दादी से भी प्राप्त कर सकती हैं।

कुंजी यह है कि प्रेरणा और समर्थन के स्रोतों की सक्रिय रूप से तलाश की जाए। सकारात्मक रोल मॉडल के साथ खुद को घेरकर, महिलाएँ आत्मविश्वास, लचीलापन और संकल्प को बढ़ावा दे सकती हैं, जो चुनौतियों को पार करने और अपने लक्ष्यों को प्राप्त करने के लिए आवश्यक है।

अंत में, महिला रोल मॉडल की शक्ति अचूक है। वे मार्गदर्शन, प्रेरणा और सफलता का खाका प्रदान करती हैं। वे महिलाओं को बाधाओं को तोड़ने, रूढ़ियों को चुनौती देने और अपनी पूरी क्षमता तक पहुँचने के लिए सशक्त बनाती हैं। मेंटरशिप में निवेश करके और सभी क्षेत्रों में महिलाओं की उपलब्धियों का जश्न मनाकर, हम एक अधिक न्यायसंगत और समावेशी दुनिया बना सकते हैं, जहाँ हर महिला के पास फलने-फूलने का अवसर हो।

"आवाज़ों की सिम्फनी में, उसने अपनी धुन पाई।"

संदेह के कोरस के बीच, उसने अपनी ताकत पाई, उसकी आवाज प्रामाणिकता के साथ गूंज उठी। उसकी यात्रा आत्म-विश्वास की शक्ति और अपनी सच्चाई बोलने के साहस का प्रमाण है।

6

अपनी आवाज़ ढूँढना: अपने लिए बोलना और वकालत करना

एक ऐसी दुनिया में जहाँ अक्सर व्यक्तिगत आवाज़ों को दबाने या कमज़ोर करने की कोशिश की जाती है, अपनी आवाज़ खोजना और उसका उपयोग अपने लिए वकालत करने के लिए करना आत्म-सशक्तिकरण का एक शक्तिशाली कार्य है। यह विशेष रूप से उन महिलाओं के लिए सच है जो पुरुष-प्रधान क्षेत्रों में काम करती हैं, जहाँ उनके दृष्टिकोण और योगदान को अनदेखा या कम आंका जा सकता है। अपनी आवाज़ खोजना केवल बोलने तक सीमित नहीं है; यह अपने मूल्य को व्यक्त करने, अपनी जगह का दावा करने और अपनी कहानी को आकार देने के बारे में है।

अपनी आवाज़ खोजने की यात्रा आत्म-जागरूकता से शुरू होती है। इसके लिए अपने मूल्यों, विश्वासों और जुनून को समझने की आवश्यकता होती है। आपके लिए कौन से मुद्दे सबसे ज़्यादा मायने रखते हैं? आपकी ताकत और कमजोरियाँ क्या हैं? आपके लक्ष्य और आकांक्षाएँ क्या हैं? इन सवालों का स्पष्ट उत्तर पाकर, आप अपने विचारों और भावनाओं को आत्मविश्वास और दृढ़ विश्वास के साथ व्यक्त करना शुरू कर सकते हैं।

अपनी आवाज़ खोजने में सबसे बड़ी बाधाओं में से एक डर है। निर्णय, अस्वीकृति, या प्रतिशोध का डर हमें बोलने से रोक सकता है। हालाँकि, यह याद रखना महत्वपूर्ण है कि आपकी आवाज़ मायने रखती है। आपका दृष्टिकोण मूल्यवान है, और आपका योगदान मान्यता के योग्य है। अपने डर को स्वीकार करके और उनसे निपटने के लिए कदम उठाकर, आप उन्हें दूर करना शुरू कर सकते हैं और अपनी सच्चाई बोलने का साहस पा सकते हैं।

अपनी आवाज़ विकसित करना अपने संवाद कौशल को सुधारने का भी हिस्सा है। इसका मतलब है कि खुद को स्पष्ट, संक्षेप और प्रभावी ढंग से व्यक्त करना सीखना। इसका यह भी मतलब है कि सक्रिय रूप से सुनना सीखना, विभिन्न दृष्टिकोणों को समझना और साझा आधार खोजना। प्रभावी संवाद आपके लिए और आपके विचारों के लिए वकालत करने के लिए आवश्यक है।

अपनी आवाज़ खोजना एक बार की घटना नहीं है; यह एक सतत प्रक्रिया है। इसमें अभ्यास, धैर्य और दृढ़ता की आवश्यकता होती है। छोटी-छोटी चीज़ों से शुरुआत करें, जैसे कि मीटिंग में अपने विचार साझा करना या किसी सहकर्मी को फीडबैक देना। जैसे-जैसे आप आत्मविश्वास हासिल करेंगे, आप धीरे-धीरे बड़ी चुनौतियाँ ले सकते हैं, जैसे वेतन वृद्धि या पदोन्नति के लिए वकालत करना, या अन्याय और असमानता के खिलाफ बोलना।

यह याद रखना महत्वपूर्ण है कि अपनी आवाज़ खोजना केवल अपने लिए बोलने तक सीमित नहीं है; यह दूसरों के लिए वकालत करने के बारे में भी है। उन लोगों की आवाज़ को मजबूत करने के लिए अपनी आवाज़ का उपयोग करके, जिन्हें हाशिए पर रखा गया है या चुप करा दिया गया है, आप एक अधिक समावेशी और

न्यायसंगत दुनिया में योगदान कर सकते हैं।

अपनी आवाज़ खोजने के सबसे शक्तिशाली तरीकों में से एक है, अपने चारों ओर सहायक लोगों को इकट्ठा करना। ऐसे मेंटर, सहकर्मी, दोस्त और परिवार के सदस्य खोजें, जो आप पर विश्वास करते हों और आपको अपनी बात कहने के लिए प्रोत्साहित करते हों। ऐसे नेटवर्क या समुदायों में शामिल हों, जो आपके मूल्यों और रुचियों को साझा करते हों। ये संबंध आपको अपने विचारों का पता लगाने और अपनी आवाज़ विकसित करने के लिए एक सुरक्षित स्थान प्रदान कर सकते हैं।

अपनी आवाज़ खोजने का एक और महत्वपूर्ण पहलू आत्म-देखभाल है। अपनी शारीरिक और मानसिक सेहत का ध्यान रखना ऊर्जा और लचीलापन बनाए रखने के लिए आवश्यक है। सुनिश्चित करें कि आप पर्याप्त नींद ले रहे हैं, स्वस्थ आहार ले रहे हैं, नियमित रूप से व्यायाम कर रहे हैं और उन गतिविधियों में संलग्न हैं जो आपको खुशी देती हैं। जब आप पूरी तरह से आराम और ऊर्जावान महसूस करेंगे, तो आप अधिक आत्मविश्वास और सशक्त महसूस करेंगे।

अपनी आवाज़ खोजना हमेशा आसान नहीं होता, लेकिन यह हमेशा सार्थक होता है। अपने लिए बोलकर और वकालत करके, आप अपने जीवन और अपने आस-पास की दुनिया में सकारात्मक बदलाव ला सकते हैं। आप दूसरों को अपनी आवाज़ खोजने और अपनी सच्चाई बोलने के लिए प्रेरित कर सकते हैं। याद रखें, आपकी आवाज़ एक शक्तिशाली उपकरण है। इसका समझदारी से और अच्छे उद्देश्य के लिए उपयोग करें।

"बाधाओं को तोड़ते हुए, उसने सशक्तिकरण का एक नेटवर्क बनाया।"

दया से भरे दिल और एक बेहतर भविष्य की दृष्टि के साथ, उसने समर्थन का एक समुदाय बनाया। उसकी विरासत सहयोग की शक्ति और एकता में मिलने वाली ताकत का प्रमाण है।

༄

7

नेटवर्क बनाना: समर्थन के समुदायों का निर्माण

व्यक्तिगत और पेशेवर विकास के जटिल नृत्य में, मजबूत नेटवर्क का मूल्य अतुलनीय है। पुरुष-प्रधान क्षेत्रों में काम करने वाली महिलाओं के लिए, ये नेटवर्क केवल सहायक नहीं हैं; वे अनिवार्य हैं। ये ताकत के स्तंभ के रूप में काम करते हैं, मार्गदर्शन, संसाधन और एकजुटता की भावना प्रदान करते हैं, विशेष रूप से ऐसे माहौल में जो अक्सर अलग-थलग महसूस कर सकता है। नेटवर्क बनाने और समर्थन के समुदायों का निर्माण करने का जानबूझकर किया गया कार्य महिलाओं के लिए अपने चुने हुए क्षेत्रों में फलने-फूलने और सफल होने की एक शक्तिशाली रणनीति है।

मूल रूप से, एक नेटवर्क साझा रुचियों, लक्ष्यों या अनुभवों वाले व्यक्तियों के बीच संबंधों का जाल है। ये संबंध औपचारिक या अनौपचारिक, पेशेवर या व्यक्तिगत हो सकते हैं, लेकिन सभी सामुदायिक भावना और साझा उद्देश्य में योगदान देते हैं। पुरुष-प्रधान क्षेत्रों में महिलाओं के लिए, ये नेटवर्क एक सुरक्षित स्थान प्रदान कर सकते हैं, जहाँ वे अपनी चुनौतियाँ साझा कर सकें, अपनी सफलताओं का जश्न मना सकें और उन लोगों से अंतर्दृष्टि प्राप्त कर सकें जिन्होंने समान रास्ते पर चलकर अनुभव हासिल किया है।

नेटवर्क बनाना एक सक्रिय प्रक्रिया है जिसमें इरादे और प्रयास की आवश्यकता होती है। इसमें ऐसे व्यक्तियों की पहचान करना शामिल है जो समर्थन और

मार्गदर्शन प्रदान कर सकते हैं, उनसे संपर्क करना और सार्थक संबंध बनाना। यह उद्योग सम्मेलनों में भाग लेकर, पेशेवर संगठनों से जुड़कर, ऑनलाइन समुदायों में भाग लेकर या सहकर्मियों और साथियों से जुड़कर किया जा सकता है।

नेटवर्क बनाने के लाभ अनेक हैं। सबसे पहले, नेटवर्क जानकारी और संसाधनों तक पहुँच प्रदान करते हैं जो अन्यथा आसानी से उपलब्ध नहीं हो सकते। इसमें नौकरी के अवसर, उद्योग के रुझान, पेशेवर विकास संसाधन और भावनात्मक समर्थन भी शामिल हो सकते हैं। अपने नेटवर्क के सामूहिक ज्ञान और अनुभव का उपयोग करके, महिलाएँ प्रतिस्पर्धात्मक बढ़त प्राप्त कर सकती हैं और अपने करियर के विकास को तेज कर सकती हैं।

दूसरे, नेटवर्क सहयोग और आपसी समर्थन के लिए एक मंच प्रदान करते हैं। समान लक्ष्यों और चुनौतियों का सामना करने वाले अन्य लोगों से जुड़कर, महिलाएँ व्यक्तिगत और पेशेवर रूप से पुरस्कृत करने वाले संबंध बना सकती हैं। वे परियोजनाओं पर सहयोग कर सकती हैं, विचार साझा कर सकती हैं और एक-दूसरे को समर्थन और प्रोत्साहन दे सकती हैं। यह सामुदायिक भावना विशेष रूप से पुरुष-प्रधान क्षेत्रों में मूल्यवान हो सकती है, जहाँ महिलाएँ अलग-थलग या उपेक्षित महसूस कर सकती हैं।

तीसरे, नेटवर्क महिलाओं को उनके नेतृत्व कौशल और आत्मविश्वास को विकसित करने में मदद कर सकते हैं। सफल व्यक्तियों के साथ बातचीत करके और उनके नेतृत्व शैली का अवलोकन करके, महिलाएँ मूल्यवान अंतर्दृष्टि प्राप्त कर सकती हैं और उनके अनुभवों से सीख सकती हैं। वे मेंटर्स भी खोज सकती हैं जो उनके करियर को आगे बढ़ाने के दौरान मार्गदर्शन और समर्थन प्रदान कर सकते हैं।

नेटवर्क बनाना केवल व्यक्तिगत लाभ के बारे में नहीं है; यह एक अधिक समावेशी और न्यायसंगत कार्यस्थल बनाने के बारे में भी है। एक-दूसरे का समर्थन और सशक्तिकरण करके, महिलाएँ यथास्थिति को चुनौती दे सकती हैं और भविष्य की पीढ़ियों के लिए एक अधिक स्वागत योग्य वातावरण बना सकती हैं। इसमें महिलाओं की प्रगति का समर्थन करने वाली नीतियों की वकालत करना, युवा महिलाओं का मार्गदर्शन करना और एक-दूसरे की आवाज़ को मजबूत करना

शामिल हो सकता है।

समर्थन के समुदायों का निर्माण नेटवर्क बनाने का एक अनिवार्य पहलू है। ये समुदाय औपचारिक संगठनों से लेकर दोस्तों और सहकर्मियों के अनौपचारिक समूहों तक कई रूप ले सकते हैं। वे महिलाओं को अपने अनुभव साझा करने, सलाह मांगने और अपनी उपलब्धियों का जश्न मनाने के लिए एक सुरक्षित स्थान प्रदान करते हैं। वे नेटवर्किंग, मेंटरशिप और पेशेवर विकास के अवसर भी प्रदान करते हैं।

सामुदायिक शक्ति अचूक है। यह अपनापन, समर्थन प्रणाली और सामूहिक कार्रवाई के लिए एक मंच प्रदान करती है। साथ मिलकर, महिलाएँ अपनी आवाज़ को मजबूत कर सकती हैं, बदलाव की वकालत कर सकती हैं और एक अधिक न्यायसंगत और समावेशी दुनिया बना सकती हैं।

नेटवर्क बनाने और समर्थन के समुदायों का निर्माण करना अपने आप में और पुरुष-प्रधान क्षेत्रों में महिलाओं के भविष्य में एक निवेश है। यह उन महिलाओं की दृढ़ता, संकल्प और महत्वाकांक्षा का प्रमाण है, जो सामाजिक अपेक्षाओं से सीमित होने से इनकार करती हैं। संबंध बनाकर, ज्ञान साझा करके और एक-दूसरे का समर्थन करके, महिलाएँ बाधाओं को तोड़ सकती हैं, अपने लक्ष्यों को प्राप्त कर सकती हैं और भविष्य की पीढ़ियों के लिए मार्ग प्रशस्त कर सकती हैं।

एक ऐसी दुनिया में जो लगातार विकसित हो रही है, मजबूत नेटवर्क बनाने और बनाए रखने की क्षमता पहले से कहीं अधिक महत्वपूर्ण है। यह एक कौशल है जिसे समय के साथ सीखा और सुधारा जा सकता है। सक्रिय, इरादतन और वास्तविक दृष्टिकोण अपनाकर, महिलाएँ ऐसे नेटवर्क बना सकती हैं जो उनके पूरे करियर और उससे परे उनकी सेवा करेंगे। जुड़ाव की शक्ति परिवर्तनकारी है, और यह एक ऐसी शक्ति है जिसका उपयोग महिलाएँ असाधारण चीज़ों को प्राप्त करने के लिए कर सकती हैं।

"जीवन के नाजुक नृत्य में, उसने महत्वाकांक्षा और प्रेम के बीच सामंजस्य पाया।"

अनुग्रह और दृढ़ता के साथ, उसने करियर और परिवार की जटिलताओं को पार किया। उसकी यात्रा कई भूमिकाओं को निभाने वाली महिलाओं के लिए प्रेरणा है। उसकी कहानी संतुलन की शक्ति और एक संपूर्ण जीवन की खोज का प्रमाण है।

8

संतुलन साधना: करियर और व्यक्तिगत जीवन को संभालना

आधुनिक दुनिया अक्सर एक अंतहीन संतुलन साधने का कार्य प्रस्तुत करती है, खासकर उन महिलाओं के लिए जो अपने करियर में उत्कृष्टता प्राप्त करने के साथ-साथ एक संपूर्ण व्यक्तिगत जीवन बनाए रखने का प्रयास करती हैं। यह संतुलन कार्य पुरुष-प्रधान क्षेत्रों में और भी जटिल हो जाता है, जहाँ माँगें और अपेक्षाएँ विशेष रूप से तीव्र हो सकती हैं। हालाँकि, यह संतुलन प्राप्त करना न केवल संभव है, बल्कि समग्र कल्याण और स्थायी सफलता के लिए आवश्यक भी है।

सफल करियर की खोज अक्सर महत्वपूर्ण समय, ऊर्जा और समर्पण की माँग करती है। पुरुष-प्रधान क्षेत्रों में महिलाओं के लिए, यह स्वयं को साबित करने और पूर्वाग्रहों को पार करने की आवश्यकता के कारण और बढ़ जाती है। लंबे घंटे, चुनौतीपूर्ण परियोजनाएँ, और लगातार अपेक्षाओं से आगे बढ़ने का दबाव व्यक्तिगत गतिविधियों, रिश्तों और आत्म-देखभाल के लिए बहुत कम स्थान छोड़ सकता है।

दूसरी ओर, अपने व्यक्तिगत जीवन की उपेक्षा करना थकावट, असंतोष और अपने करियर के प्रति जुनून की कमी का कारण बन सकता है। रिश्तों को पोषित

करना, शौक को आगे बढ़ाना, और आराम और पुनः ऊर्जा प्राप्त करने के लिए समय निकालना शारीरिक और मानसिक भलाई बनाए रखने के लिए आवश्यक है। इन्हीं व्यक्तिगत संतोष के क्षणों में हमें अपने पेशेवर जीवन में उत्कृष्टता प्राप्त करने की ऊर्जा और प्रेरणा मिलती है।

करियर और व्यक्तिगत जीवन को संभालने की कुंजी एक ऐसा संतुलन खोजने में है जो हर व्यक्ति के लिए काम करे। इसका कोई एक आकार में फिट होने वाला समाधान नहीं है, क्योंकि हर किसी की प्राथमिकताएँ, परिस्थितियाँ और मूल्य अलग-अलग होते हैं। हालाँकि, कई रणनीतियाँ हैं जो इस नाजुक संतुलन को साधने में मदद कर सकती हैं।

काम और व्यक्तिगत जीवन के बीच स्पष्ट सीमाएँ तय करना बहुत महत्वपूर्ण है। इसका अर्थ है काम और व्यक्तिगत गतिविधियों के लिए विशिष्ट समय निर्धारित करना और उन्हें यथासंभव बनाए रखना। यह अनावश्यक कार्य प्रतिबद्धताओं को मना करने और जहाँ संभव हो, कार्यों को सौंपने का साहस भी माँगता है।

स्वास्थ्य देखभाल को प्राथमिकता देना संतुलन बनाए रखने का एक और आवश्यक पहलू है। इसका मतलब है शारीरिक और मानसिक भलाई को बढ़ावा देने वाली गतिविधियों के लिए समय निकालना, जैसे कि व्यायाम, स्वस्थ भोजन, पर्याप्त नींद, और आराम की तकनीकें। इसमें प्रियजनों के साथ रिश्तों को पोषित करना, शौक और रुचियों को आगे बढ़ाना, और अपने लिए समय निकालना भी शामिल है।

आज की तेज़-तर्रार दुनिया में लचीलापन अपनाना महत्वपूर्ण है। इसका अर्थ है अपनी समय-सारिणी और प्राथमिकताओं को आवश्यकतानुसार समायोजित करने की इच्छा रखना। इसका यह भी अर्थ है वैकल्पिक कार्य व्यवस्थाओं का पता लगाने के लिए तैयार रहना, जैसे कि टेलीवर्किंग या लचीले घंटे, यदि वे उपलब्ध हैं और आपके लक्ष्यों के साथ मेल खाते हैं।

करियर और व्यक्तिगत जीवन को संभालने वाली महिलाओं के लिए एक मजबूत समर्थन प्रणाली बनाना अनमोल है। इसमें परिवार, दोस्त, सहकर्मी, मेंटर और यहाँ तक कि पेशेवर कोच या थेरेपिस्ट भी शामिल हो सकते हैं। ये लोग

भावनात्मक समर्थन, व्यावहारिक सलाह और विचारों और चिंताओं के लिए एक साउंडिंग बोर्ड प्रदान कर सकते हैं।

यथार्थवादी अपेक्षाएँ निर्धारित करना भी महत्वपूर्ण है। करियर और व्यक्तिगत जीवन की माँगों से अभिभूत होना आसान है, लेकिन यह याद रखना महत्वपूर्ण है कि पूर्णता लक्ष्य नहीं है। प्रगति, न कि पूर्णता, के लिए प्रयास करना तनाव को कम करने और एक अधिक स्थायी संतुलन बनाने में मदद कर सकता है।

अपनी ज़रूरतों और अपेक्षाओं को व्यक्त करना, दोनों ही कार्यस्थल और घर पर, बहुत आवश्यक है। इसका मतलब है अपनी प्राथमिकताओं, सीमाओं और सीमाओं के बारे में स्पष्ट होना। इसका यह भी मतलब है समाधान खोजने के लिए बातचीत और समझौता करने की इच्छा रखना।

संतुलन साधने के लिए तकनीक को अपनाना भी एक सहायक उपकरण हो सकता है। समय प्रबंधन, संगठन और संचार में मदद करने के लिए कई ऐप्स और उपकरण उपलब्ध हैं। इन संसाधनों का उपयोग करके, महिलाएँ अपने कार्यों को सरल बना सकती हैं, तनाव को कम कर सकती हैं और व्यक्तिगत गतिविधियों के लिए अधिक समय बना सकती हैं।

यह याद रखना महत्वपूर्ण है कि संतुलन साधने का कार्य एक सतत प्रक्रिया है। यह जीवन की परिस्थितियों के बदलने के साथ निरंतर पुनर्मूल्यांकन और समायोजन की आवश्यकता है। जो आज काम करता है वह कल काम नहीं कर सकता, और यह ठीक है। कुंजी अनुकूलनीय, लचीला और प्रयोग करने के लिए तैयार रहना है ताकि यह पता लगाया जा सके कि आपके लिए सबसे अच्छा क्या काम करता है।

एक संतोषजनक करियर और व्यक्तिगत जीवन प्राप्त करने की यात्रा चुनौतियों के बिना नहीं है, लेकिन इसके पुरस्कार असीम हैं। आत्म-देखभाल को प्राथमिकता देकर, सीमाएँ निर्धारित करके, लचीलापन अपनाकर, एक मजबूत समर्थन प्रणाली बनाकर, यथार्थवादी अपेक्षाएँ निर्धारित करके, प्रभावी ढंग से संवाद करके और तकनीक का लाभ उठाकर, महिलाएँ ऐसा जीवन बना सकती हैं जो पेशेवर रूप से पुरस्कृत और व्यक्तिगत रूप से समृद्ध हो। यह एक संतुलन साधने वाला कार्य है जिसमें समर्पण और प्रयास की आवश्यकता होती है, लेकिन इसका लाभ एक ऐसा

जीवन है जो वास्तव में संतुलित और संतोषजनक है।

"अपने भीतर की चिंगारी को प्रज्वलित करते हुए, उसने अगली पीढ़ी को नेतृत्व के लिए प्रेरित किया।"

युवा महिलाओं की क्षमता में अटूट विश्वास के साथ, उसने उनके सपनों को पोषित किया और उनके जुनून को प्रज्वलित किया। उसकी विरासत मेंटरशिप की परिवर्तनकारी शक्ति और प्रेरणा के तरंग प्रभाव का प्रमाण है।

༄

9

अगली पीढ़ी को सशक्त बनाना: युवा महिलाओं को नेतृत्व के लिए प्रेरित करना

अगली पीढ़ी की महिलाओं को नेतृत्व के लिए सशक्त बनाना केवल सद्भावना का कार्य नहीं है; यह एक प्रगतिशील और न्यायसंगत समाज के लिए अनिवार्य है। दुनिया को विविध नेतृत्व की आवश्यकता है जो हमारे वैश्विक समुदाय की बहुआयामी प्रकृति को प्रतिबिंबित करे। युवा महिलाओं को प्रेरित और सशक्त बनाकर, उन्हें नेतृत्व के उपकरण और आत्मविश्वास प्रदान करके, हम असीम संभावनाओं का द्वार खोलते हैं और एक समावेशी और समृद्ध भविष्य का मार्ग प्रशस्त करते हैं।

सच्चे अर्थों में, नेतृत्व दूसरों को प्रेरित करने और एक सामान्य लक्ष्य की ओर प्रेरित करने के बारे में है। यह यह देखने की दृष्टि रखने के बारे में है कि क्या संभव है, यथास्थिति को चुनौती देने का साहस और दूसरों को उनकी पूरी क्षमता तक पहुँचने के लिए सशक्त बनाने की क्षमता। परंपरागत रूप से, नेतृत्व भूमिकाओं पर पुरुषों का प्रभुत्व रहा है, जो एक संकीर्ण और अक्सर बहिष्करणकारी दृष्टिकोण को बढ़ावा देता है। हालाँकि, विभिन्न क्षेत्रों में नेतृत्व की भूमिकाओं में महिलाओं का उदय इस प्रतिमान को चुनौती दे रहा है, यह प्रदर्शित करते हुए कि विविध

दृष्टिकोण निर्णय लेने और समस्याओं को हल करने में अपार मूल्य लाते हैं।

आज की युवा महिलाएँ एक ऐसी दुनिया में बड़ी हो रही हैं जो पहले से कहीं अधिक जुड़ी हुई और जटिल है। वे जलवायु परिवर्तन, सामाजिक असमानता और राजनीतिक अस्थिरता जैसी अभूतपूर्व चुनौतियों का सामना कर रही हैं। इस जटिल परिदृश्य को नेविगेट करने के लिए, उन्हें पारंपरिक मॉडलों से परे नेतृत्व कौशल की आवश्यकता है। उन्हें आलोचनात्मक सोच, रचनात्मकता, सहयोग और लचीलापन से लैस होने की आवश्यकता है।

युवा महिलाओं को सशक्त बनाना आत्म-विश्वास और अधिकार की भावना पैदा करने से शुरू होता है। इसका अर्थ है उन सामाजिक अपेक्षाओं और रूढ़ियों को चुनौती देना जो उनकी आकांक्षाओं को सीमित करती हैं। इसका अर्थ है उन्हें अपने रुचियों का पता लगाने, अपनी प्रतिभाओं को विकसित करने और आत्म-विश्वास बनाने के अवसर प्रदान करना।

मेंटोरशिप युवा महिलाओं को सशक्त बनाने में महत्वपूर्ण भूमिका निभाती है। उन्हें उन सफल महिलाओं से जोड़कर जिन्होंने समान रास्तों को पार किया है, युवा महिलाएँ अमूल्य अंतर्दृष्टि, मार्गदर्शन और समर्थन प्राप्त कर सकती हैं। मेंटर्स अपने अनुभव साझा कर सकते हैं, सलाह दे सकते हैं और रोल मॉडल के रूप में काम कर सकते हैं, युवा महिलाओं को अपने सपनों तक पहुँचने के लिए प्रेरित कर सकते हैं।

शिक्षा सशक्तिकरण का एक और प्रमुख स्तंभ है। गुणवत्तापूर्ण शिक्षा तक पहुँच प्रदान करके, हम युवा महिलाओं को वह ज्ञान और कौशल प्रदान करते हैं जिसकी उन्हें सफलता के लिए आवश्यकता होती है। इसमें न केवल शैक्षणिक विषय शामिल हैं, बल्कि नेतृत्व प्रशिक्षण, संवाद कौशल और आलोचनात्मक सोच भी शामिल है। इसका मतलब यह भी है कि समावेशी, सहायक और सशक्त सीखने के माहौल बनाना।

विविध दृष्टिकोणों और अनुभवों का संपर्क भी संतुलित नेतृत्व विकसित करने के लिए आवश्यक है। इसे यात्रा, सांस्कृतिक विनिमय कार्यक्रमों और साहित्य, मीडिया और कला के माध्यम से विभिन्न दृष्टिकोणों को उजागर करके प्राप्त

किया जा सकता है। अपने क्षितिज का विस्तार करके, युवा महिलाएँ दुनिया और इसके सामने आने वाली चुनौतियों की गहरी समझ प्राप्त कर सकती हैं।

युवा महिलाओं को सशक्त बनाना केवल व्यक्तिगत विकास के बारे में नहीं है; यह प्रणालीगत परिवर्तन पैदा करने के बारे में भी है। इसका अर्थ है उन भेदभावपूर्ण प्रथाओं और नीतियों को चुनौती देना जो महिलाओं को पीछे धकेलती हैं। इसका अर्थ है समान वेतन, नेतृत्व भूमिकाओं में प्रतिनिधित्व और प्रगति के अवसरों के लिए वकालत करना। इसका अर्थ ऐसी संस्कृति बनाना है जो विविधता, समावेशन और समानता को महत्व देती हो।

युवा महिलाओं को सशक्त बनाने के लाभ दूरगामी हैं। अध्ययनों से पता चला है कि लिंग-विविध नेतृत्व टीमों वाले कंपनियाँ अधिक नवाचारी, लाभदायक और टिकाऊ होती हैं। वे जटिल चुनौतियों का समाधान करने और विविध ग्राहक आधार की ज़रूरतों को पूरा करने में भी बेहतर सक्षम हैं।

कॉर्पोरेट दुनिया से परे, महिला नेता राजनीति, सामाजिक सक्रियता और सामुदायिक विकास में महत्वपूर्ण प्रभाव डाल रही हैं। वे पर्यावरण संरक्षण, सामाजिक न्याय और शिक्षा जैसे मुद्दों की वकालत कर रही हैं। उनके नेतृत्व की भूमिका एक अधिक न्यायसंगत और टिकाऊ दुनिया बनाने में महत्वपूर्ण है।

युवा महिलाओं को नेतृत्व के लिए सशक्त बनाना भविष्य में निवेश करना है। यह दुनिया की आधी आबादी की संभावनाओं को उजागर करने और सभी के लिए एक अधिक न्यायसंगत और समृद्ध समाज बनाने के बारे में है। युवा महिलाओं को नेतृत्व करने के लिए आवश्यक उपकरण, संसाधन और समर्थन प्रदान करके, हम न केवल उन्हें व्यक्तियों के रूप में सशक्त कर रहे हैं, बल्कि हम दुनिया को भी सशक्त बना रहे हैं।

युवा महिलाओं को नेतृत्व के लिए सशक्त बनाने की यात्रा जारी है, लेकिन अब तक की प्रगति उत्साहजनक है। अधिक से अधिक युवा महिलाएँ विभिन्न क्षेत्रों में नेतृत्व की भूमिकाएँ निभा रही हैं। उनकी आवाज़ें सुनी जा रही हैं, उनके विचार लागू किए जा रहे हैं, और उनके प्रभाव को दुनिया भर में महसूस किया जा रहा है।

मेंटोरशिप, शिक्षा और प्रणालीगत परिवर्तन में निवेश करना जारी रखकर, हम एक ऐसी दुनिया बना सकते हैं जहाँ युवा महिलाएँ न केवल नेतृत्व करने के लिए सशक्त हों, बल्कि जहाँ उनके नेतृत्व का जश्न भी मनाया जाए और उसे महत्व दिया जाए। यह एक ऐसा भविष्य है जिसके लिए प्रयास करना सार्थक है, जहाँ मानवता की पूरी क्षमता उजागर हो, और जहाँ हर किसी को फलने-फूलने का अवसर मिले।

"अग्रदूतों से सीखते हुए, उसने नई ऊँचाइयों को छुआ।"

महान लोगों के कंधों पर खड़े होकर, उसने उनकी बुद्धिमत्ता को अपनाया और अपनी राह बनाई। उसकी यात्रा निरंतर सीखने और विकास की शक्ति का प्रमाण है। उसकी कहानी उन नेताओं को समर्पित है जो पहले आए और उस विरासत को जो वह पीछे छोड़ जाएगी।

10

शीर्ष से सबक: सफल महिला नेताओं की अंतर्दृष्टि

नेतृत्व की राह शायद ही कभी सीधी होती है; यह अक्सर चुनौतियों, असफलताओं और विजय के मोड़ों से होकर गुजरती है। महिलाओं के लिए, यह यात्रा विशेष रूप से जटिल हो सकती है, जिसमें नेतृत्व की आंतरिक कठिनाइयों के साथ-साथ प्रणालीगत पूर्वाग्रहों और सामाजिक अपेक्षाओं को भी नेविगेट करना पड़ता है। फिर भी, इन चुनौतियों के बीच, महिलाएँ शीर्ष पर पहुँची हैं, और उनकी कहानियाँ आकांक्षी नेताओं और अधिक समावेशी कार्यस्थल बनाने के इच्छुक लोगों के लिए अमूल्य सबक और अंतर्दृष्टि प्रदान करती हैं। सफल महिला नेताओं से मिलने वाला सबसे महत्वपूर्ण सबक लचीलापन है। असफलताओं से उबरने, गलतियों से सीखने और विपरीत परिस्थितियों का सामना करते हुए दृढ़ता बनाए रखने की क्षमता महान नेतृत्व की पहचान है।

महिला नेता अक्सर भेदभाव, पूर्वाग्रह और आत्म-संदेह को पार करने की कहानियाँ साझा करती हैं, यह दिखाते हुए कि लचीलापन केवल जीवित रहने का नहीं, बल्कि चुनौतियों के सामने फलने-फूलने का नाम है। वे विकासशील मानसिकता विकसित करने, चुनौतियों को सीखने के अवसर के रूप में अपनाने और कठिन समय में एक मजबूत समर्थन नेटवर्क बनाने के महत्व पर जोर देती हैं। एक और प्रमुख सबक प्रामाणिकता की शक्ति है। एक ऐसी दुनिया में जो

अक्सर महिलाओं पर कुछ विशेष ढाँचे में फिट होने का दबाव डालती है, सफल महिला नेताओं ने स्वयं के प्रति सच्चे रहने के महत्व को दिखाया है। वे अपनी विशिष्ट ताकतों, मूल्यों और नेतृत्व शैली को अपनाने की आवश्यकता पर जोर देती हैं। प्रामाणिकता न केवल दूसरों से विश्वास और सम्मान अर्जित करती है, बल्कि नेताओं को अपनी टीमों के साथ गहरे स्तर पर जुड़ने की अनुमति भी देती है, उन्हें प्रेरित और साझा लक्ष्यों को प्राप्त करने के लिए प्रेरित करती है। मजबूत संबंधों और नेटवर्क का निर्माण सफल महिला नेताओं की कहानियों में एक और सामान्य विषय है।

वे समझती हैं कि नेतृत्व एक एकल यात्रा नहीं है, बल्कि एक सहयोगात्मक प्रयास है। वे मेंटरशिप के मूल्य पर जोर देती हैं, दोनों मेंटर और मेंटी के रूप में, और विविध और समावेशी टीमों के निर्माण के महत्व को स्वीकार करती हैं। वे सहयोग, गठबंधन बनाने और साझा लक्ष्यों को प्राप्त करने के लिए नेटवर्क का लाभ उठाने की शक्ति को भी पहचानती हैं। कई सफल महिला नेता सतत शिक्षा और विकास के महत्व को भी उजागर करती हैं। वे लगातार नए ज्ञान, कौशल और अनुभवों की तलाश करती हैं ताकि वे अपने दृष्टिकोण का विस्तार कर सकें और आगे रह सकें। वे अपने स्वयं के विकास में निवेश करती हैं और अपनी टीमों को भी ऐसा करने के लिए प्रोत्साहित करती हैं। आजीवन सीखने के प्रति यह प्रतिबद्धता न केवल उनके नेतृत्व क्षमताओं को बढ़ाती है, बल्कि उनके संगठनों के लिए एक सकारात्मक उदाहरण भी स्थापित करती है।

एक और महत्वपूर्ण सबक यह है कि अपने और दूसरों के लिए वकालत करने की आवश्यकता है। महिला नेता अक्सर कार्यस्थल में अनूठी चुनौतियों का सामना करती हैं, जैसे कि उन्हें कम करके आंका जाना, बीच में रोका जाना, या उनके विचारों को खारिज कर दिया जाना। उन्होंने बोलने, अपनी प्राधिकरण को स्वीकार करने और अपनी और अपनी टीमों की ज़रूरतों के लिए वकालत करना सीखा है। वे विविधता और समावेशन की भी वकालत करती हैं, अन्य महिलाओं को मार्गदर्शन और समर्थन देती हैं और सभी के लिए अधिक न्यायसंगत कार्यस्थल बनाती हैं। सफल महिला नेताओं की कहानियाँ कार्य-जीवन संतुलन के महत्व को भी उजागर करती हैं, हालाँकि संतुलन की परिभाषा प्रत्येक व्यक्ति के लिए भिन्न हो सकती है। वे सीमाएँ निर्धारित करने, आत्म-देखभाल को प्राथमिकता देने और परिवार, दोस्तों और व्यक्तिगत रुचियों के लिए समय निकालने की आवश्यकता

पर जोर देती हैं। वे पहचानती हैं कि एक स्वस्थ कार्य-जीवन संतुलन न केवल उनके कल्याण को बढ़ाता है बल्कि उन्हें अधिक प्रभावी नेता भी बनाता है।

अंत में, सफल महिला नेता अक्सर अपनी समुदायों को वापस देने और दुनिया पर सकारात्मक प्रभाव डालने के महत्व के बारे में बात करती हैं। वे सामाजिक न्याय, पर्यावरण संरक्षण और अन्य कारणों की वकालत करने के लिए अपने मंचों का उपयोग करती हैं। वे दूसरों को प्रेरित करती हैं कि वे अपने कौशल और संसाधनों का उपयोग सकारात्मक बदलाव लाने के लिए करें, सकारात्मक प्रभाव की लहर पैदा करें।

सफल महिला नेताओं से मिली अंतर्दृष्टि आकांक्षी नेताओं के लिए एक रोडमैप प्रदान करती है, चाहे उनका लिंग कोई भी हो। वे लचीलापन, प्रामाणिकता, संबंध निर्माण, सतत शिक्षा, वकालत और कार्य-जीवन संतुलन के महत्व जैसे मूल्यों को अपनाने की प्रेरणा देती हैं। ये कहानियाँ हमें सिखाती हैं कि नेतृत्व केवल शक्ति और पद के बारे में नहीं है, बल्कि यह प्रभाव डालने, दूसरों को प्रेरित करने, और एक सकारात्मक, न्यायसंगत और समावेशी समाज बनाने के लिए अपने प्रभाव का उपयोग करने के बारे में है।

महिला नेताओं की ये अंतर्दृष्टियाँ यह भी दिखाती हैं कि नेतृत्व एक सतत यात्रा है, जिसमें हर कदम पर सीखने और बढ़ने का अवसर है। वे यह साबित करती हैं कि सफलता की परिभाषा केवल व्यक्तिगत उपलब्धियों तक सीमित नहीं है, बल्कि इसमें दूसरों को प्रेरित करना, समाज में बदलाव लाना और भविष्य के नेताओं के लिए एक मजबूत आधार तैयार करना भी शामिल है।

अपनी दृष्टि में, उसने एक ऐसी दुनिया देखी जहाँ लिंग बाधा नहीं, बल्कि प्रगति का उत्प्रेरक है। उसकी विरासत युवा महिलाओं को सशक्त बनाने, उनके नेतृत्व की क्षमता को बढ़ावा देने, और एक अधिक समान भविष्य बनाने के प्रति प्रतिबद्धता है।

∾

11

खेल बदलना: अधिक समावेशी कार्यस्थल बनाने की रणनीतियाँ

आधुनिक कार्यस्थल एक गतिशील और लगातार विकसित होने वाला परिदृश्य है, जहाँ विविधता और समावेश केवल शब्दावली नहीं, बल्कि सफलता के लिए आवश्यक घटक हैं। एक वास्तव में समावेशी कार्यस्थल ऐसा वातावरण बनाता है जहाँ सभी पृष्ठभूमियों के लोग मूल्यवान, सम्मानित, और अपनी अनूठी दृष्टिकोण और प्रतिभा को योगदान देने के लिए सशक्त महसूस करते हैं। यह न केवल कर्मचारियों को लाभ पहुँचाता है, बल्कि नवाचार, रचनात्मकता, और समग्र संगठनात्मक प्रदर्शन को भी प्रेरित करता है। हालाँकि, एक अधिक समावेशी कार्यस्थल बनाना एक जानबूझकर और रणनीतिक दृष्टिकोण की माँग करता है, जो व्यक्तिगत और संगठनात्मक दोनों स्तरों पर बदलाव लाने में सक्षम हो।

एक समावेशी कार्यस्थल बनाने के केंद्र में मानसिकता में बदलाव है। यह विविधता की केवल सहनशीलता से परे जाकर इसे अपनाने और उसका उत्सव मनाने की माँग करता है। इसका अर्थ है यह समझना कि विविधता केवल जाति, लिंग, और जातीयता तक सीमित नहीं है, बल्कि उम्र, यौन अभिविन्यास, विकलांगता, धर्म, सामाजिक-आर्थिक स्थिति, और अन्य कई विशेषताओं को शामिल करती है। इसका अर्थ यह स्वीकार करना है कि प्रत्येक व्यक्ति अपने साथ अद्वितीय दृष्टिकोण और अनुभवों का एक सेट लाता है, और ये अंतर कमजोरी नहीं, बल्कि

ताकत हैं।

इस मानसिकता में बदलाव को बढ़ावा देने के लिए, संगठनों को विविधता और समावेश पर शिक्षा और प्रशिक्षण में निवेश करना चाहिए। इसमें कार्यशालाएँ, सेमिनार, और ऑनलाइन संसाधन शामिल हो सकते हैं, जो कर्मचारियों को विविधता के महत्व को समझने, अपने पूर्वाग्रहों को पहचानने, और विभिन्न पृष्ठभूमियों से आए सहकर्मियों के साथ बातचीत करने के कौशल विकसित करने में मदद करते हैं। यह एक खुले संवाद और संचार की संस्कृति बनाने के लिए भी महत्वपूर्ण है, जहाँ कर्मचारी अपने अनुभव और दृष्टिकोण साझा करने में सुरक्षित महसूस करें।

एक अधिक समावेशी कार्यस्थल बनाने के लिए एक और प्रमुख रणनीति यह सुनिश्चित करना है कि संगठन के सभी स्तरों पर विविधता परिलक्षित हो, प्रवेश स्तर की नौकरियों से लेकर सी-सूट तक। इसका अर्थ है समान अवसर देने वाली भर्ती और पदोन्नति की प्रक्रियाओं को लागू करना, जो सभी को उनकी पृष्ठभूमि के बावजूद सफल होने का समान अवसर प्रदान करें। इसका यह भी अर्थ है कम प्रतिनिधित्व वाले समूहों के विकास के लिए मेंटरशिप और प्रायोजन कार्यक्रम प्रदान करना।

प्रतिनिधित्व के साथ-साथ, यह सुनिश्चित करना महत्वपूर्ण है कि हर कोई एक सामूहिकता की भावना महसूस करे। इसका अर्थ है सम्मान और समावेश की संस्कृति को बढ़ावा देना, जहाँ सभी कर्मचारी मूल्यवान और सुने गए महसूस करें। इसमें कर्मचारियों के लिए एक-दूसरे से जुड़ने के अवसर प्रदान करना, चाहे वह पेशेवर हो या व्यक्तिगत, कर्मचारी संसाधन समूहों, सामाजिक कार्यक्रमों, और अन्य गतिविधियों के माध्यम से।

समावेशी नेतृत्व एक और महत्वपूर्ण घटक है जो अधिक समावेशी कार्यस्थल बनाने में सहायक होता है। नेताओं को समावेशी व्यवहार का आदर्श प्रस्तुत करना चाहिए, अपनी टीमों के लिए स्पष्ट अपेक्षाएँ निर्धारित करनी चाहिए, और एक स्वागतपूर्ण और सम्मानजनक वातावरण बनाने के लिए खुद को और दूसरों को जिम्मेदार ठहराना चाहिए। उन्हें कर्मचारियों से प्रतिक्रिया सुनने और उठे हुए किसी भी चिंता या मुद्दे को हल करने के लिए कार्रवाई करने के लिए भी तैयार

रहना चाहिए।

लचीले काम के प्रावधान भी अधिक समावेशी कार्यस्थल में योगदान दे सकते हैं। टेली-कम्प्यूटिंग, लचीले घंटे, और नौकरी साझा करने जैसे विकल्पों की पेशकश करके, संगठन कर्मचारियों की विविध ज़रूरतों को पूरा कर सकते हैं, जिनमें देखभाल की ज़िम्मेदारियाँ या विकलांगता शामिल हो सकती हैं। यह खेल को समान कर सकता है और एक अधिक समान कार्य वातावरण बना सकता है।

एक अधिक समावेशी कार्यस्थल बनाना कोई एक बार का प्रयास नहीं है, बल्कि निरंतर सीखने, अनुकूलन, और प्रतिबद्धता की प्रक्रिया है। इसके लिए यथास्थिति को चुनौती देने, धारणाओं पर सवाल उठाने, और बदलाव को अपनाने की इच्छा की आवश्यकता है। इसमें प्रगति को मापने और एक ऐसा कार्यस्थल बनाने के लिए खुद को जिम्मेदार ठहराने की प्रतिबद्धता भी शामिल है, जहाँ हर कोई फल-फूल सके।

एक अधिक समावेशी कार्यस्थल बनाने के लाभ महत्वपूर्ण हैं। यह नवाचार, रचनात्मकता, और समस्या-समाधान में वृद्धि कर सकता है, क्योंकि विविध टीमें तालिका पर दृष्टिकोण और अनुभवों की एक विस्तृत श्रृंखला लाती हैं। यह कर्मचारियों के मनोबल और जुड़ाव को भी सुधार सकता है, क्योंकि लोग यह महसूस करते हैं कि उन्हें उनकी पहचान के लिए सम्मानित और स्वीकार किया जाता है। अंततः, एक अधिक समावेशी कार्यस्थल बनाना न केवल सही काम है; यह समझदारी भरा भी है, क्योंकि यह संगठनात्मक सफलता को प्रेरित कर सकता है और एक अधिक समान और न्यायपूर्ण समाज बना सकता है।

एक अधिक समावेशी कार्यस्थल बनाने की यात्रा आसान नहीं हो सकती, लेकिन यह एक ऐसी यात्रा है जिसे लिया जाना चाहिए। विविधता को अपनाकर, पूर्वाग्रहों को चुनौती देकर, और समावेश की संस्कृति को बढ़ावा देकर, हम खेल को बदल सकते हैं और ऐसा कार्यस्थल बना सकते हैं जहाँ हर किसी को फलने-फूलने का मौका मिले। यह एक दृष्टि है जिसके लिए साहस, प्रतिबद्धता, और सहयोग की आवश्यकता है, लेकिन इसके परिणाम असीम हैं। एक अधिक समावेशी कार्यस्थल केवल एक लक्ष्य नहीं है; यह एक बेहतर भविष्य के लिए एक आवश्यकता है।

"एक ऐसा भविष्य जहाँ हर लड़की सपने देखे, नेतृत्व करे, और दुनिया को बदले।"

12

छलावा सिंड्रोम से आत्मविश्वास तक: अपनी उपलब्धियों को अपनाना

छलावा सिंड्रोम, जो व्यापक और अक्सर दुर्बल करने वाली घटना है, विभिन्न क्षेत्रों और उपलब्धि के स्तरों में व्यक्तियों को प्रभावित कर सकता है। यह एक धोखेबाज होने की निरंतर भावना है, अपनी सफलता के योग्य न होने का अहसास और अपर्याप्त होने के डर के साथ जीना। यह आंतरिक संदेह, विशेष रूप से महिलाओं के लिए, पुरुष-प्रधान क्षेत्रों में और भी गहरा हो सकता है, जहाँ सामाजिक अपेक्षाएँ और पूर्वाग्रह इन भावनाओं को और बढ़ा सकते हैं। हालाँकि, छलावा सिंड्रोम से आत्मविश्वास तक की यात्रा न केवल संभव है, बल्कि व्यक्तिगत और पेशेवर विकास के लिए आवश्यक भी है। इसमें आत्म-सीमित मान्यताओं को पहचानना और चुनौती देना, अपनी उपलब्धियों को अपनाना, और आत्म-मूल्य और सशक्तिकरण की मानसिकता को विकसित करना शामिल है।

छलावा सिंड्रोम अक्सर कई कारकों के जटिल अंतर्संबंध से उत्पन्न होता है, जिसमें पूर्णतावाद, असफलता का डर और बाहरी मान्यता शामिल हैं। पूर्णतावादी स्वयं के लिए अवास्तविक रूप से उच्च मानक स्थापित करते हैं, जिससे हमेशा कमतर महसूस करने की भावना बनी रहती है। असफलता का डर व्यक्तियों को पंगु बना

सकता है, उन्हें जोखिम लेने और अपने लक्ष्यों का पीछा करने से रोक सकता है। बाहरी मान्यता की आवश्यकता दूसरों की स्वीकृति पर निर्भरता पैदा कर सकती है, जिसके कारण आत्म-विश्वास और आत्म-विश्वास की कमी हो सकती है।

पुरुष-प्रधान क्षेत्रों में, महिलाओं के लिए छलावा सिंड्रोम सामाजिक अपेक्षाओं और पूर्वाग्रहों से और भी बढ़ सकता है। महिलाओं को खुद को लगातार साबित करने का दबाव महसूस हो सकता है, ताकि उन्हें गंभीरता से लिया जाए। उन्हें माइक्रोएग्रेसन और भेदभाव के सूक्ष्म रूपों का भी सामना करना पड़ सकता है, जो उनके आत्मविश्वास को कम कर सकते हैं और अपर्याप्तता की भावनाओं को मजबूत कर सकते हैं।

छलावा सिंड्रोम को दूर करने का पहला कदम इसे स्वीकार करना और समझना है। इसका अर्थ है आत्म-संदेह और नकारात्मक आत्म-चर्चा के उन पैटर्न को पहचानना जो छलावे की भावना को बढ़ावा देते हैं। इसका यह भी अर्थ है इन भावनाओं के मूल कारणों की पहचान करना, चाहे वे बचपन के अनुभवों, सामाजिक अनुकूलन, या पिछले असफलताओं से उत्पन्न होते हों।

एक बार जब आप अपने छलावा सिंड्रोम को बेहतर तरीके से समझ लेते हैं, तो आप इसके अंतर्निहित नकारात्मक विचारों और विश्वासों को चुनौती देना शुरू कर सकते हैं। इसमें अपने सोचने के तरीके को पुनर्गठित करना, अपनी ताकतों और उपलब्धियों पर ध्यान केंद्रित करना और अपने मूल्य और महत्व को याद रखना शामिल है। इसका यह भी मतलब है कि अपनी सफलताओं का जश्न मनाना, चाहे वे कितनी भी छोटी क्यों न लगें।

अपनी उपलब्धियों को अपनाना छलावा सिंड्रोम को दूर करने का एक महत्वपूर्ण हिस्सा है। इसका अर्थ है अपने कठिन परिश्रम, समर्पण, और प्रतिभा को स्वीकार करना और अपनी उपलब्धियों का श्रेय लेना। इसका यह भी मतलब है कि यह पहचानना कि आप कोई छलावा नहीं हैं, बल्कि एक सक्षम और सक्षम व्यक्ति हैं जो अपने स्थान के योग्य हैं।

आत्मविश्वास बनाना छलावा सिंड्रोम से आत्म-आश्वासन तक की यात्रा का एक और महत्वपूर्ण पहलू है। इसमें यथार्थवादी लक्ष्य निर्धारित करना, छोटे जीत का

जश्न मनाना और सकारात्मक आत्म-चर्चा का अभ्यास करना शामिल हो सकता है। यह मेंटर्स, कोचों, या थेरेपिस्टों से समर्थन प्राप्त करने में भी शामिल हो सकता है जो आपको आत्म-मूल्य की एक मजबूत भावना विकसित करने और आत्म-संदेह को दूर करने में मदद कर सकते हैं।

यह याद रखना महत्वपूर्ण है कि छलावा सिंड्रोम को दूर करना एक रैखिक प्रक्रिया नहीं है। इस दौरान झटके और संदेह के क्षण आएंगे। हालाँकि, नकारात्मक विचारों को लगातार चुनौती देकर, अपनी उपलब्धियों को अपनाकर, और अपना आत्मविश्वास बनाकर, आप धीरे-धीरे छलावा सिंड्रोम को दूर कर सकते हैं और अपनी पूरी क्षमता को अपना सकते हैं।

पुरुष-प्रधान क्षेत्रों में महिलाओं के लिए, छलावा सिंड्रोम को दूर करना केवल व्यक्तिगत विकास के बारे में नहीं है; यह बाधाओं को तोड़ने और अधिक समावेशी कार्यस्थल बनाने के बारे में भी है। अपनी उपलब्धियों को अपनाकर और अपने लिए वकालत करके, महिलाएँ रूढ़ियों को चुनौती दे सकती हैं और दूसरों को भी ऐसा करने के लिए प्रेरित कर सकती हैं।

छलावा सिंड्रोम से आत्मविश्वास तक की यात्रा एक परिवर्तनकारी यात्रा है। यह आत्म-संदेह को छोड़ने और आत्म-विश्वास को अपनाने के बारे में है। यह अपने मूल्य को पहचानने और अपनी शक्ति को अपनाने के बारे में है। यह अपनी पूरी क्षमता में कदम रखने और दुनिया में अपनी छाप छोड़ने के बारे में है। और पुरुष-प्रधान क्षेत्रों में महिलाओं के लिए, यह ढाँचे को तोड़ने, यथास्थिति को चुनौती देने, और सभी के लिए अधिक न्यायसंगत और समावेशी भविष्य बनाने के बारे में है।

"उसने आत्म-संदेह का आवरण उतार दिया और अपनी brilliance को अपनाया।"

अडिग साहस के साथ, उसने अपने भीतर के आलोचक को शांत किया और अपनी उपलब्धियों को अपनाया। उसकी यात्रा आत्म-विश्वास की शक्ति और छलावा सिंड्रोम पर विजय की गाथा है। उसकी कहानी महिलाओं के लिए एक गान है, जो सीमाओं से ऊपर उठने और अपने मूल्य को अपनाने की प्रेरणा देती है।

13

सहयोग की शक्ति: बदलाव लाने के लिए सहयोगियों के साथ काम करना

एक अधिक समान और समावेशी दुनिया के लिए चल रहे संघर्ष में, सहयोग की शक्ति को कम करके नहीं आंका जा सकता। यह व्यक्तियों, समूहों, और संगठनों के सामूहिक प्रयासों के माध्यम से है कि वास्तविक और स्थायी बदलाव हासिल किया जा सकता है। यह विशेष रूप से तब सच है जब महिलाओं के अधिकारों की वकालत करने और उन्हें पारंपरिक रूप से पुरुष-प्रधान क्षेत्रों में फलने-फूलने के अवसर प्रदान करने की बात आती है। सहयोग की शक्ति आवाजों को मजबूत करने, संसाधनों को एकत्र करने और एकजुट मोर्चा बनाने में निहित है, जो प्रणालीगत बाधाओं को प्रभावी ढंग से चुनौती दे सकता है और सार्थक बदलाव ला सकता है।

सहयोग का एक प्रमुख लाभ आवाजों को मजबूत करना है। जब व्यक्ति या समूह एक साथ आते हैं, तो उनकी सामूहिक आवाज़ अधिक प्रभावशाली और सुनने योग्य बन जाती है। यह विशेष रूप से हाशिए पर रहने वाले समूहों के लिए महत्वपूर्ण है, जिनकी आवाज़ों को अक्सर दबा दिया जाता है या अनसुना कर दिया जाता है।

साथ मिलकर काम करके, महिलाएँ उन चुनौतियों के बारे में जागरूकता बढ़ा सकती हैं, जिनका वे सामना करती हैं, अपने अधिकारों की वकालत कर सकती हैं और बदलाव की माँग कर सकती हैं। यह सामूहिक आवाज़ परिवर्तन के लिए एक शक्तिशाली ताकत हो सकती है, जो सार्वजनिक राय, नीति निर्णयों और कॉर्पोरेट प्रथाओं को प्रभावित करती है।

सहयोग संसाधनों को एकत्र करने की भी अनुमति देता है। अलग-अलग व्यक्ति और संगठन विभिन्न ताकतें, कौशल और संसाधन साथ लाते हैं। साथ मिलकर काम करने से, वे अपने सामूहिक संसाधनों का लाभ उठाकर उन लक्ष्यों को प्राप्त कर सकते हैं जो अकेले हासिल करना असंभव होता।

इसमें वित्तीय संसाधन, विशेषज्ञता, नेटवर्क, और प्रभाव शामिल हो सकते हैं। संसाधनों को एकत्र करना कार्यस्थल में लैंगिक असमानता जैसे जटिल मुद्दों से निपटने के लिए अधिक व्यापक और प्रभावी दृष्टिकोण प्रदान करता है।

सहयोग का एक और शक्तिशाली पहलू एकजुट मोर्चे का निर्माण है। जब विभिन्न व्यक्ति और संगठन एक सामान्य लक्ष्य की ओर काम करने के लिए एक साथ आते हैं, तो वे एकजुटता और सामूहिक कार्रवाई का शक्तिशाली संदेश भेजते हैं। यह एकजुट मोर्चा यथास्थिति को चुनौती देने और बदलाव लाने के लिए एक प्रभावशाली ताकत हो सकता है। यह दूसरों को आंदोलन में शामिल होने के लिए भी प्रेरित कर सकता है, जिससे व्यापक बदलाव का प्रभाव पैदा हो सकता है।

सहयोग रचनात्मकता और नवाचार को भी बढ़ावा देता है। जब विभिन्न पृष्ठभूमि और दृष्टिकोणों वाले लोग एक साथ आते हैं, तो वे विचारों और दृष्टिकोणों की विविधता लाते हैं। यह जटिल समस्याओं के लिए नए और अभिनव समाधान ला सकता है।

साथ मिलकर काम करके, महिलाएँ अपनी सामूहिक रचनात्मकता का उपयोग कर सकती हैं और अधिक प्रभावी और टिकाऊ रणनीतियाँ विकसित कर सकती हैं।

इसके अलावा, सहयोग व्यक्तियों और संगठनों के बीच विश्वास और संबंध बनाने

में मदद कर सकता है। एक सामान्य लक्ष्य की ओर काम करके, लोग साझा उद्देश्य और आपसी सम्मान की भावना विकसित करते हैं। यह मजबूत और अधिक टिकाऊ साझेदारी की ओर ले जा सकता है, जो दीर्घकालिक बदलाव लाने के लिए आवश्यक हैं।

हालाँकि, सहयोग अपने साथ चुनौतियाँ भी लाता है। इसके लिए समझौता करने, विभिन्न दृष्टिकोणों को सुनने और असहमति के माध्यम से काम करने की इच्छा की आवश्यकता होती है।

यह विश्वास बनाने और खुले संवाद को बनाए रखने की प्रतिबद्धता की भी माँग करता है। लेकिन सहयोग के लाभ इसकी चुनौतियों से कहीं अधिक हैं। साथ मिलकर काम करके, महिलाएँ अपने लिए और आने वाली पीढ़ियों के लिए एक अधिक समान और समावेशी दुनिया बना सकती हैं।

इतिहास में बार-बार सहयोग की शक्ति का प्रदर्शन किया गया है। मताधिकार आंदोलन से लेकर नागरिक अधिकार आंदोलन और LGBTQ+ अधिकारों की लड़ाई तक, सहयोग सामाजिक परिवर्तन का एक प्रमुख चालक रहा है।

महिला सशक्तिकरण के संदर्भ में, सहयोग ने समान वेतन कानून, नेतृत्व पदों में बढ़ती प्रतिनिधित्व, और अधिक समावेशी कार्यस्थल नीतियों जैसे मील के पत्थर हासिल करने में महत्वपूर्ण भूमिका निभाई है।

सहयोग की शक्ति केवल औपचारिक संगठनों या आंदोलनों तक सीमित नहीं है। यह उन अनौपचारिक नेटवर्कों में भी पाया जा सकता है, जहाँ महिलाएँ एक-दूसरे का समर्थन और मार्गदर्शन करती हैं। ये नेटवर्क महिलाओं को अपने अनुभव साझा करने, सलाह लेने, और प्रेरणा पाने के लिए एक सुरक्षित स्थान प्रदान कर सकते हैं।

वे पेशेवर विकास, नेटवर्किंग, और वकालत के लिए अवसर भी प्रदान कर सकते हैं।

अंत में, सहयोग की शक्ति बदलाव लाने और एक अधिक समान और समावेशी दुनिया बनाने के लिए एक शक्तिशाली उपकरण है। साथ मिलकर काम करके,

महिलाएँ अपनी आवाज़ों को मजबूत कर सकती हैं, अपने संसाधनों को साझा कर सकती हैं, और एकजुट मोर्चा बना सकती हैं, जो प्रणालीगत बाधाओं को चुनौती दे सकता है और उनके लक्ष्यों को प्राप्त कर सकता है।

सहयोग रचनात्मकता, नवाचार और विश्वास को बढ़ावा देता है, और यह एक अधिक न्यायसंगत और समान समाज के निर्माण के लिए आवश्यक है।

लैंगिक समानता की यात्रा लंबी और सतत है, लेकिन सहयोग के माध्यम से, महिलाएँ प्रगति जारी रख सकती हैं और अपने लिए और आने वाली पीढ़ियों के लिए एक बेहतर भविष्य बना सकती हैं।

"सहयोग में उसने ताकत पाई और बदलाव की ओर अपनी राह बनाई।"

सहयोगियों के साथ एकजुट होकर, उसने अपना प्रभाव बढ़ाया, उसकी आवाज़ प्रगति का एक सामूहिक स्वर बन गई। उसकी यात्रा सामूहिक कार्रवाई की शक्ति और साझा उद्देश्य की परिवर्तनकारी शक्ति की गवाही है।

౽

14

प्रतिकूलता में लचीलापन: चुनौतियों को अवसरों में बदलना

प्रतिकूलता जीवन का अवश्यंभावी हिस्सा है, एक सार्वभौमिक अनुभव जो हमारी ताकत को परखता है, हमारे विश्वासों को चुनौती देता है, और हमें हमारी सीमाओं तक धकेलता है। यह कई रूपों में आ सकती है – व्यक्तिगत हानि, पेशेवर असफलताएँ, स्वास्थ्य संकट, या सामाजिक अन्याय – और इसका प्रभाव गहरा हो सकता है। हालाँकि, प्रतिकूलता वृद्धि, परिवर्तन, और लचीलापन का अवसर भी प्रदान करती है। यह प्रतिकूलता का सामना करते समय है कि हम अपनी सच्ची ताकत, अनुकूलन क्षमता, और चुनौतियों को अवसरों में बदलने की क्षमता को खोजते हैं।

लचीलापन, प्रतिकूलता से उबरने और फलने-फूलने की क्षमता, एक जन्मजात गुण नहीं है बल्कि एक कौशल है जिसे समय के साथ विकसित और मजबूत किया जा सकता है। यह आंतरिक कारकों जैसे मानसिकता, आत्म-प्रभावकारिता, और भावनात्मक नियंत्रण और बाहरी कारकों जैसे सामाजिक समर्थन, संसाधनों, और अवसरों का संयोजन है। लचीलापन दर्द और कठिनाइयों से बचने या उन्हें नकारने के बारे में नहीं है; यह उन्हें स्वस्थ तरीके से स्वीकार करने और संसाधित करने,

उनसे सीखने, और उन्हें विकास के ईंधन के रूप में उपयोग करने के बारे में है।

लचीलापन की यात्रा एक दृष्टिकोण बदलाव के साथ शुरू होती है। यह चुनौतियों को सीखने और बढ़ने के अवसरों के रूप में पुनर्गठित करने की माँग करता है, न कि उन्हें अपराजेय बाधाओं के रूप में देखने की। इसमें एक विकास मानसिकता अपनाना शामिल है, यह विश्वास करना कि हमारे पास सीखने और विकसित होने की क्षमता है, भले ही प्रतिकूलता का सामना करना पड़े। इस दृष्टिकोण बदलाव से हमें जिज्ञासा और प्रयोग की इच्छा के साथ चुनौतियों का सामना करने की शक्ति मिलती है, न कि भय और बचाव के साथ।

लचीलापन का एक और प्रमुख पहलू हमारी भावनाओं को नियंत्रित करने की क्षमता है। प्रतिकूलता क्रोध और उदासी से लेकर भय और चिंता तक कई प्रकार की भावनाओं को ट्रिगर कर सकती है। इन भावनाओं को स्वीकार करना और संसाधित करना महत्वपूर्ण है, लेकिन इनसे अभिभूत होना भी उतना ही महत्वपूर्ण है। भावनात्मक नियंत्रण कौशल जैसे माइंडफुलनेस, ध्यान, और संज्ञानात्मक पुनर्मूल्यांकन विकसित करने से हमें अपनी भावनाओं को स्वस्थ तरीके से प्रबंधित करने में मदद मिल सकती है, जिससे वे हमारी प्रगति को पटरी से उतारने से बचा सकते हैं।

सामाजिक समर्थन लचीलापन बनाने में एक और महत्वपूर्ण कारक है। सहायक संबंधों का एक मजबूत नेटवर्क होना हमें प्रतिकूलता से निपटने के लिए आवश्यक भावनात्मक और व्यावहारिक संसाधन प्रदान कर सकता है। इसमें परिवार, दोस्त, मेंटर्स, सहयोगी, या पेशेवर चिकित्सक शामिल हो सकते हैं। उन लोगों से जुड़ना जो समान चुनौतियों का सामना कर चुके हैं, विशेष रूप से सहायक हो सकता है क्योंकि यह मान्यता, समझ, और आशा की भावना प्रदान कर सकता है।

लचीलापन हमारे अनुभवों से सीखने में भी शामिल है। हर चुनौती का सामना करना, हर असफलता का सामना करना, सीखने और बढ़ने का अवसर है। हमारे अनुभवों पर चिंतन करके, यह पहचानकर कि क्या काम किया और क्या नहीं, और इन सबकों को भविष्य की चुनौतियों पर लागू करके, हम समय के साथ अधिक लचीले बन सकते हैं।

चुनौतियों को अवसरों में बदलना केवल प्रतिकूलता को दूर करने के बारे में नहीं है; यह इन अनुभवों का उपयोग कुछ सकारात्मक बनाने के लिए भी है। इसमें हमारे नए ज्ञान और कौशल का उपयोग दूसरों की मदद करने, बदलाव के लिए वकालत करने, या एक नई पहल शुरू करने के लिए शामिल हो सकता है। अपने दर्द को उद्देश्य में बदलकर, हम न केवल खुद को ठीक कर सकते हैं बल्कि दुनिया पर सकारात्मक प्रभाव भी डाल सकते हैं।

उन व्यक्तियों की कहानियाँ जिन्होंने प्रतिकूलता को पार किया और महान उपलब्धियाँ हासिल कीं, लचीलेपन की शक्ति का प्रमाण हैं। वे दिखाते हैं कि सबसे अंधकारमय समय में भी हमेशा आशा होती है, हमेशा वृद्धि और परिवर्तन की संभावना होती है। वे हमें अपनी चुनौतियों को अपनाने, अपनी गलतियों से सीखने, और अपने सपनों को कभी नहीं छोड़ने के लिए प्रेरित करते हैं।

लचीलापन एक गंतव्य नहीं बल्कि एक यात्रा है, सीखने, अनुकूलन करने, और बढ़ने की आजीवन प्रक्रिया। यह जीवन के उतार-चढ़ाव को अपनाने के बारे में है, यह जानते हुए कि हमारे पास जो कुछ भी हमारे रास्ते में आता है उसे नेविगेट करने की ताकत और संसाधन हैं। लचीलापन विकसित करके, हम न केवल प्रतिकूलता से बच सकते हैं बल्कि इसके सामने भी फल-फूल सकते हैं, चुनौतियों को वृद्धि, परिवर्तन, और सकारात्मक प्रभाव के अवसरों में बदल सकते हैं।

☙❧

"प्रतिकूलता ने उसे तोड़ा नहीं; उसने उसके उत्साह को प्रज्वलित किया।"

लचीलापन को अपनी ढाल बनाकर, उसने चुनौतियों को अवसरों में बदल दिया, उसकी यात्रा मानव आत्मा की अडिग शक्ति की गवाही है। उसकी कहानी आशा का एक प्रकाशस्तंभ है, जो वृद्धि और परिवर्तन की ओर रास्ता दिखाती है।

∽

15

अपनी राह बनाना: अपनी शर्तों पर सफलता को परिभाषित करना

जीवन की भूलभुलैया में, जहाँ रास्ते अक्सर पूर्वनिर्धारित होते हैं और अपेक्षाएँ भारी पड़ती हैं, व्यक्तिगत सफलता की खोज एक जटिल यात्रा बन सकती है। पारंपरिक कथाएँ अक्सर सफलता को एक संकीर्ण परिभाषा में सीमित करती हैं, जिसे बाहरी मानकों जैसे धन, प्रसिद्धि, या सामाजिक मान्यता से मापा जाता है। हालाँकि, सच्ची सफलता इन बाहरी मानकों के अनुरूप होने में नहीं, बल्कि अपनी अनूठी राह बनाने और सफलता को अपनी शर्तों पर परिभाषित करने में निहित है।

स्वयं परिभाषित सफलता की यह खोज विशेष रूप से उन महिलाओं के लिए प्रासंगिक है जो पुरुष-प्रधान क्षेत्रों में अपना रास्ता बना रही हैं। सफलता के पारंपरिक मानदंड, जो अक्सर पितृसत्तात्मक मान्यताओं और मूल्यों में निहित होते हैं, उनके व्यक्तिगत आकांक्षाओं और मूल्यों से मेल नहीं खाते। इसके अलावा, ये क्षेत्र महिलाओं के लिए विशिष्ट चुनौतियाँ प्रस्तुत करते हैं, जैसे अंतर्निहित पूर्वाग्रह और प्रणालीगत भेदभाव, जो उनके लिए अपनी राह बनाना और भी महत्वपूर्ण बना देता है।

अपनी राह बनाने की शुरुआत आत्मनिरीक्षण और आत्म-जागरूकता से होती है। इसमें अपने मूल्यों, जुनूनों, और ताकतों को समझना शामिल है। आपको वास्तव

में प्रेरित करता क्या है? आपके अद्वितीय कौशल और प्रतिभाएँ क्या हैं? आप दुनिया पर किस प्रकार का प्रभाव डालना चाहते हैं? इन सवालों का जवाब देकर, आप सफलता की अपनी परिभाषा व्यक्त करना शुरू कर सकते हैं, जो आपके प्रामाणिक स्व और आकांक्षाओं के साथ मेल खाती है।

यह आत्म-खोज की प्रक्रिया हमेशा आसान नहीं होती। इसके लिए साहस चाहिए कि आप सामाजिक मानदंडों और अपेक्षाओं को चुनौती दें, यथास्थिति पर सवाल उठाएँ, और अपनी व्यक्तिगतता को अपनाएँ। इसमें उन गहराई से बैठी मान्यताओं और मूल्यों को भी अनदेखा करना शामिल हो सकता है जो अब आपकी सेवा नहीं करते। हालाँकि, यह आत्म-खोज की यात्रा एक ऐसा जीवन बनाने के लिए आवश्यक है जो वास्तव में संतोषजनक और अर्थपूर्ण हो।

एक बार जब आपको अपने मूल्यों और आकांक्षाओं की स्पष्ट समझ हो जाती है, तो आप ऐसे लक्ष्य निर्धारित करना शुरू कर सकते हैं जो आपकी सफलता की परिभाषा के अनुरूप हों। ये लक्ष्य पारंपरिक सफलता के संकेतकों जैसे न हों, लेकिन ये वही हैं जो आपके लिए सबसे अधिक मायने रखते हैं। ये आपके समुदाय में बदलाव लाने, एक रचनात्मक जुनून का पीछा करने, या बस सत्यनिष्ठा और उद्देश्य के जीवन जीने से जुड़े हो सकते हैं।

इन लक्ष्यों को प्राप्त करने के लिए कड़ी मेहनत, समर्पण, और लचीलेपन का संयोजन आवश्यक है। इसके लिए जोखिम लेने, अपने आराम क्षेत्र से बाहर कदम रखने, और विफलता को सीखने के अवसर के रूप में अपनाने की इच्छा भी चाहिए। सफलता की राह शायद ही कभी सीधी होती है, और रास्ते में झटके और चुनौतियाँ होंगी। हालाँकि, अपने मूल्यों और सफलता की अपनी परिभाषा के प्रति सच्चे रहते हुए, आप इन चुनौतियों को अनुग्रह और दृढ़ता के साथ नेविगेट कर सकते हैं।

अपनी राह बनाना उन सहायक लोगों के साथ खुद को घेरने में भी शामिल है जो आप पर और आपकी दृष्टि पर विश्वास करते हैं। इसमें मेंटर्स, दोस्त, परिवार के सदस्य, या सहयोगी शामिल हो सकते हैं, जो मार्गदर्शन, प्रोत्साहन, और सहानुभूतिपूर्ण सुनने का कान प्रदान कर सकते हैं। उन रोल मॉडल्स को खोजना भी महत्वपूर्ण है जिन्होंने अपनी राह बनाई है और अपनी शर्तों पर सफलता हासिल

की है। उनकी कहानियाँ आपको प्रेरित और प्रेरित कर सकती हैं कि कठिन समय में भी आगे बढ़ते रहें।

आंतरिक कारकों के अलावा, अपनी राह बनाना बाहरी चुनौतियों को नेविगेट करने में भी शामिल है। इसमें प्रणालीगत बाधाएँ शामिल हो सकती हैं, जैसे भेदभाव और पूर्वाग्रह, जो आपकी प्रगति में बाधा डाल सकते हैं। इन चुनौतियों को पहचानना और उन्हें दूर करने के लिए रणनीतियाँ विकसित करना महत्वपूर्ण है। इसमें अपने और दूसरों के लिए वकालत करना, समान विचारधारा वाले व्यक्तियों के साथ गठजोड़ बनाना, या विविधता और समावेश को बढ़ावा देने वाले संगठनों से समर्थन प्राप्त करना शामिल हो सकता है।

अंततः, अपनी राह बनाना आपके जीवन और करियर की जिम्मेदारी लेने के बारे में है। यह सफलता को अपनी शर्तों पर परिभाषित करने के बारे में है, बजाय इसके कि दूसरे आपके रास्ते को निर्धारित करें। यह अपने जुनून को पूरा करने, प्रामाणिक रूप से जीने, और दुनिया पर सकारात्मक प्रभाव डालने के बारे में है। इस मानसिकता को अपनाकर, आप एक ऐसा जीवन बना सकते हैं जो वास्तव में संतोषजनक और अर्थपूर्ण हो, जो आपके अद्वितीय मूल्यों और आकांक्षाओं को दर्शाता हो।

अपनी राह बनाना एक स्वार्थी कार्य नहीं है; यह आत्म-सशक्तिकरण का एक शक्तिशाली कार्य है। अपनी शर्तों पर सफलता को परिभाषित करके, आप न केवल अपने लिए एक अधिक संतोषजनक जीवन बनाते हैं, बल्कि दूसरों को भी ऐसा करने के लिए प्रेरित करते हैं। आप उन लोगों के लिए एक रोल मॉडल बन जाते हैं जो सामाजिक अपेक्षाओं से मुक्त होना चाहते हैं और अपनी राह बनाना चाहते हैं। आपकी यात्रा आशा की किरण बन जाती है, दूसरों को यह दिखाती है कि समाज जो निर्धारित करता है, उसके बावजूद एक जीवन बनाना संभव है जो वास्तव में अर्थपूर्ण हो।

"उसने रची-पटी राह का अनुसरण नहीं किया; उसने अपनी राह बनाई।"

अडिग दृढ़ संकल्प के साथ, उसने अपेक्षाओं को खारिज किया और एक ऐसा मार्ग तैयार किया जो उसकी आत्मा के साथ प्रतिध्वनित हो। उसकी यात्रा प्रामाणिकता की शक्ति और सफलता को अपनी शर्तों पर परिभाषित करने की स्वतंत्रता की गवाही है।

16

विविधता का उत्सव: अलग-अलग दृष्टिकोणों और अनुभवों को अपनाना

मानव अस्तित्व के जटिल ताने-बाने में, विविधता केवल एक चर्चा का विषय या कॉर्पोरेट पहल नहीं है; यह हमारी सामूहिक पहचान का सार है। यह मानव अनुभवों, दृष्टिकोणों, पृष्ठभूमियों, और पहचानों के व्यापक स्पेक्ट्रम को समेटे हुए है, जो हमें अनोखा बनाता है। विविधता को अपनाना केवल इन विभिन्नताओं को मान्यता देने के बारे में नहीं है; यह इन्हें उत्सव के रूप में मनाने, उन्हें महत्व देने और हमारे जीवन के हर पहलू में उन्हें समाहित करने के बारे में है। यह एक ऐसी दुनिया बनाने के बारे में है, जहां हर व्यक्ति को देखा जाए, सुना जाए, और अपनी अद्वितीय प्रतिभा और दृष्टिकोण को योगदान देने के लिए सशक्त महसूस हो।

विविधता एकसमान नहीं है; यह कई आयामों को समेटे हुए है। इसमें नस्ल, जातीयता, लिंग, यौन अभिविन्यास, आयु, विकलांगता, धर्म, सामाजिक-आर्थिक स्थिति और अनगिनत अन्य विशेषताएं शामिल हैं, जो हमारी पहचान और अनुभवों को आकार देती हैं। इन आयामों में से प्रत्येक हमारी दुनिया में समृद्धता और जटिलता की परतें जोड़ता है, जो हमारी और दूसरों की समझ को गहराई

प्रदान करता है।

विविधता को अपनाना विभिन्न दृष्टिकोणों और अनुभवों के मूल्य को पहचानने से शुरू होता है। इसका अर्थ यह है कि हमें यह स्वीकार करना चाहिए कि हमारी अपनी दृष्टि सीमित है, जो हमारे व्यक्तिगत अनुभवों और पूर्वाग्रहों से आकार लेती है। विभिन्न दृष्टिकोणों को सक्रिय रूप से तलाशने और उनके साथ जुड़ने से, हम अपनी दुनिया की समझ को विस्तृत कर सकते हैं और अपनी धारणाओं को चुनौती दे सकते हैं। यह अधिक सहानुभूति, करुणा और समझ पैदा कर सकता है, जो एक अधिक समावेशी और न्यायसंगत समाज को बढ़ावा देता है।

विविधता का उत्सव मनाने का अर्थ यह भी है कि हमें यह पहचानना चाहिए कि विभिन्न पृष्ठभूमियों से आने वाले व्यक्ति क्या अनोखा योगदान कर सकते हैं। हर व्यक्ति के अनुभव, कौशल, और ज्ञान उनकी विशेष पहचान से आकार लेते हैं, और ये विविध दृष्टिकोण नवीन समाधान, रचनात्मक विचार, और जटिल मुद्दों की अधिक ठोस समझ ला सकते हैं। निर्णय-प्रक्रियाओं में विविध दृष्टिकोणों को महत्व देकर और उन्हें शामिल करके, हम हर किसी के लिए अधिक प्रभावी और न्यायसंगत परिणाम उत्पन्न कर सकते हैं।

विविधता को अपनाना केवल व्यक्तिगत कार्यों तक सीमित नहीं है; यह प्रणालीगत परिवर्तन लाने के बारे में भी है। इसका मतलब है उन संरचनाओं और प्रणालियों को चुनौती देना और उन्हें खत्म करना, जो असमानता और भेदभाव को बढ़ावा देते हैं। इसका अर्थ ऐसी नीतियों और प्रक्रियाओं की वकालत करना है, जो समाज के हर पहलू में विविधता और समावेश को बढ़ावा दें, चाहे वह शिक्षा हो, रोजगार, स्वास्थ्य सेवा या आवास।

कार्यस्थल में, विविधता को अपनाने से अनेक लाभ हो सकते हैं। अध्ययनों से पता चला है कि विविध टीम अधिक नवाचारी, रचनात्मक और उत्पादक होती हैं। वे समस्या-समाधान, निर्णय-निर्धारण और परिवर्तन के अनुकूल बनने में बेहतर होती हैं। विविधता और समावेश की संस्कृति को बढ़ावा देकर, संगठन अपनी कार्यशक्ति की पूरी क्षमता का उपयोग कर सकते हैं, जो अधिक सफलता और नवाचार का मार्ग प्रशस्त करता है।

शिक्षा में, विविधता को अपनाने से सभी छात्रों के लिए सीखने का अनुभव समृद्ध हो सकता है। छात्रों को विभिन्न संस्कृतियों, दृष्टिकोणों, और सोचने के तरीकों से परिचित कराकर, शिक्षक आलोचनात्मक सोच, सांस्कृतिक दक्षता, और दुनिया की अधिक सटीक समझ को बढ़ावा दे सकते हैं। यह छात्रों को एक अधिक विविध और आपस में जुड़े वैश्विक समाज में सफल होने के लिए तैयार कर सकता है।

हमारे समुदायों में, विविधता को अपनाने से हर किसी के लिए एक अधिक जीवंत और स्वागत योग्य वातावरण बनाया जा सकता है। अपनी भिन्नताओं का उत्सव मनाकर और साझा आधार खोजकर, हम मजबूत संबंध बना सकते हैं, अधिक समझ को बढ़ावा दे सकते हैं, और एक ऐसा समावेशी समाज बना सकते हैं, जहां हर व्यक्ति को जुड़ाव का अनुभव हो।

विविधता को अपनाने की यात्रा सतत है और इसमें लगातार प्रयास और प्रतिबद्धता की आवश्यकता होती है। इसमें हमारे अपने पूर्वाग्रहों को चुनौती देना, विभिन्न संस्कृतियों और दृष्टिकोणों के बारे में खुद को शिक्षित करना, और विभिन्न पृष्ठभूमियों के लोगों के साथ जुड़ने के अवसरों की सक्रिय रूप से तलाश करना शामिल है। इसमें प्रणालीगत परिवर्तन की वकालत करना और हर किसी के लिए एक अधिक समावेशी वातावरण बनाना भी शामिल है।

विविधता को अपनाने के लाभ असीमित हैं। यह अधिक नवाचार, रचनात्मकता, और समझ को जन्म दे सकता है। यह मजबूत संबंधों को बढ़ावा दे सकता है, अधिक लचीले समुदाय बना सकता है, और एक अधिक न्यायसंगत और समान समाज का निर्माण कर सकता है। विविधता को अपनाकर, हम न केवल अपनी भिन्नताओं का उत्सव मनाते हैं बल्कि अपनी साझा मानवता को भी पहचानते हैं, और एक ऐसी दुनिया का निर्माण करते हैं, जहां हर कोई प्रगति कर सकता है।

"उसने केवल विविधता को अपनाया नहीं, बल्कि इसे मानव अनुभव के एक सुंदर संगीत के रूप में मनाया।"

विभिन्न दृष्टिकोणों की समृद्धता को पहचानते हुए, उसने ऐसा समावेशी वातावरण बनाया, जहां हर आवाज महत्वपूर्ण थी। उसकी नेतृत्व क्षमता विविधता में एकता की शक्ति और एक ऐसी दुनिया की सुंदरता का प्रमाण है, जहां हर कोई जुड़ा हुआ महसूस करता है।

17

भविष्य है महिला: एक अधिक न्यायसंगत दुनिया के लिए दृष्टिकोण

"भविष्य है महिला" केवल एक नारा नहीं है; यह एक दृष्टि, एक आह्वान, और एक ऐसी दुनिया की घोषणा है, जहां लैंगिक समानता केवल एक आकांक्षा नहीं, बल्कि एक वास्तविकता है। यह विश्वास व्यक्त करता है कि महिलाओं और लड़कियों को सशक्त बनाना न केवल एक नैतिक कर्तव्य है, बल्कि सामाजिक, आर्थिक, और राजनीतिक प्रगति का उत्प्रेरक भी है। "भविष्य है महिला" ऐसी दुनिया की कल्पना करता है, जहां महिलाओं को समान अवसर, समान अधिकार और हर क्षेत्र में समान प्रतिनिधित्व मिले।

इस न्यायसंगत दुनिया की दृष्टि इस समझ पर आधारित है कि लैंगिक समानता केवल महिलाओं के लिए नहीं है; यह हर किसी के लिए एक बेहतर दुनिया बनाने के बारे में है। जब महिलाएं सशक्त होती हैं, तो वे अपने परिवारों, समुदायों, और अर्थव्यवस्थाओं में निवेश करती हैं।

वे अपने बच्चों को शिक्षित करने, स्वास्थ्य और कल्याण को बढ़ावा देने, और सामाजिक न्याय का समर्थन करने की अधिक संभावना रखती हैं। इसलिए,

महिलाओं को सशक्त बनाना सतत विकास और एक अधिक न्यायसंगत दुनिया का एक प्रमुख कारक है।

एक ऐसा भविष्य जहां महिलाएं नेतृत्व करती हैं, वहां विविध दृष्टिकोण और अनुभव हर स्तर पर निर्णय लेने को आकार देते हैं। अध्ययनों से पता चला है कि ऐसी संगठन जिनके नेतृत्व में लैंगिक विविधता होती है, वे अधिक नवाचारी, लाभदायक और टिकाऊ होते हैं।

ये संगठन जटिल चुनौतियों का सामना करने और विविध आबादी की जरूरतों को दर्शाने वाले निर्णय लेने में भी बेहतर होते हैं। राजनीति में, महिला नेताओं ने शिक्षा, स्वास्थ्य सेवा, और सामाजिक कल्याण जैसे मुद्दों को प्राथमिकता दी है, जो अधिक न्यायसंगत और समावेशी नीतियों का मार्ग प्रशस्त करते हैं।

यह दृष्टि एक ऐसी दुनिया को भी समाहित करती है, जहां महिलाएं हिंसा और भेदभाव से मुक्त हों। लैंगिक हिंसा एक वैश्विक महामारी है, जो दुनिया भर में लाखों महिलाओं और लड़कियों को प्रभावित करती है। यह न केवल उनके मानव अधिकारों का उल्लंघन करती है, बल्कि उनके शारीरिक और मानसिक स्वास्थ्य, आर्थिक कल्याण, और जीवन की गुणवत्ता पर भी विनाशकारी प्रभाव डालती है।

एक ऐसा भविष्य, जहां "भविष्य है महिला," वहां महिलाएं और लड़कियां बिना डर और हिंसा के जीवन जी सकती हैं, और उन्हें समाज के बराबर सदस्य के रूप में मूल्यवान और सम्मानित किया जाता है।

इसके अलावा, इस दृष्टि में एक ऐसी दुनिया शामिल है, जहां महिलाओं को शिक्षा, स्वास्थ्य सेवा, और आर्थिक अवसरों तक समान पहुंच हो। शिक्षा एक मौलिक मानव अधिकार और सशक्तिकरण का प्रमुख कारक है। जब लड़कियों को शिक्षित किया जाता है, तो वे विवाह और मातृत्व में देरी करने, अधिक आय अर्जित करने, और निर्णय-निर्धारण में भाग लेने की अधिक संभावना रखती हैं।

इसी प्रकार, स्वास्थ्य सेवा तक पहुंच महिलाओं की भलाई और सशक्तिकरण के लिए आवश्यक है। इसमें केवल प्रजनन स्वास्थ्य सेवा ही नहीं, बल्कि व्यापक स्वास्थ्य सेवाओं की पहुंच शामिल है, जो उनके जीवन के हर चरण में उनकी

अनूठी जरूरतों को पूरा करती हैं।

आर्थिक सशक्तिकरण इस दृष्टि का एक और महत्वपूर्ण पहलू है। जब महिलाओं को आर्थिक अवसरों तक समान पहुंच मिलती है, तो वे अपने परिवारों, समुदायों, और अर्थव्यवस्थाओं में योगदान कर सकती हैं।

इसका मतलब है कि महिलाओं को शिक्षा और प्रशिक्षण, वित्तीय सेवाओं, और बाजारों तक समान पहुंच सुनिश्चित करना। यह उन भेदभावपूर्ण प्रथाओं को संबोधित करना भी शामिल है, जो महिलाओं की आर्थिक भागीदारी को सीमित करती हैं, जैसे कि असमान वेतन, क्रेडिट तक पहुंच की कमी, और उद्यमिता में बाधाएं।

"भविष्य है महिला" एक ऐसी दुनिया की भी कल्पना करता है, जहां महिलाओं की आवाज़ हर क्षेत्र में सुनी और मूल्यवान हो। इसका अर्थ है यह सुनिश्चित करना कि महिलाओं को स्थानीय परिषदों से लेकर राष्ट्रीय संसदों और अंतरराष्ट्रीय संगठनों तक, निर्णय लेने वाले निकायों में समान प्रतिनिधित्व मिले। इसका यह भी मतलब है कि ऐसी संस्कृति का निर्माण करना, जहां महिलाओं के दृष्टिकोण का सम्मान हो और उनके योगदान को महत्व दिया जाए।

इस अधिक न्यायसंगत दुनिया की दृष्टि को प्राप्त करने के लिए, हमें एक बहुआयामी दृष्टिकोण अपनाने की आवश्यकता है। इसमें लड़कियों की शिक्षा में निवेश करना, महिलाओं को आर्थिक रूप से सशक्त बनाना, महिलाओं के स्वास्थ्य और भलाई को बढ़ावा देना, लैंगिक हिंसा का समाधान करना, और ऐसी नीतियों और प्रथाओं की वकालत करना शामिल है, जो लैंगिक समानता को बढ़ावा दें। इसमें उन सामाजिक दृष्टिकोणों और मानदंडों को बदलना भी शामिल है, जो लैंगिक रूढ़ियों और भेदभाव को बढ़ावा देते हैं।

एक अधिक न्यायसंगत दुनिया की यात्रा लंबी और सतत है, लेकिन अब तक की प्रगति उत्साहजनक है। अधिक से अधिक महिलाएं बाधाओं को तोड़ रही हैं, कांच की दीवारों को चकनाचूर कर रही हैं, और विभिन्न क्षेत्रों में नेतृत्व की स्थिति हासिल कर रही हैं।

उनकी कहानियां प्रेरणा का स्रोत हैं और इस बात की याद दिलाती हैं कि भविष्य वास्तव में महिला है। महिलाओं और लड़कियों में निवेश जारी रखते हुए, हम ऐसी दुनिया बना सकते हैं, जहां हर किसी को, उनके लिंग की परवाह किए बिना, प्रगति करने का अवसर मिले।

"भविष्य है महिला" केवल एक नारा नहीं है; यह एक आह्वान है। यह एक ऐसी दुनिया की दृष्टि है, जहां महिलाएं सशक्त, सम्मानित, और मूल्यवान हैं, समान भागीदार के रूप में एक अधिक न्यायसंगत, समान और टिकाऊ भविष्य को आकार देने में। यह एक ऐसा भविष्य है, जिसे हमें मिलकर प्राप्त करना होगा।

"भविष्य केवल महिला का नहीं है; यह आवाजों का एक सामंजस्यपूर्ण मिश्रण है,
जो उद्देश्य में एकजुट है।"

उसकी दृष्टि ने लिंग से परे एक ऐसी दुनिया को अपनाया, जहां समानता का शासन हो और हर किसी को प्रगति करने का अवसर मिले। उसकी विरासत एक अधिक न्यायपूर्ण और न्यायसंगत दुनिया के निर्माण के लिए प्रतिबद्धता है, एक ऐसी दुनिया जहां भविष्य सभी का है।

❧

18

अपनी क्षमता को उजागर करना: आत्म-संदेह और भय को पार करना

आत्म-संदेह और भय सार्वभौमिक मानव अनुभव हैं, जो हमारे मन के अंधेरों में छिपे रहते हैं और हमारे सपनों और आकांक्षाओं को नष्ट करने की धमकी देते हैं। ये भावनाएँ हमें जकड़ सकती हैं, जोखिम लेने, अपने लक्ष्यों को प्राप्त करने, और अपनी पूरी क्षमता तक पहुँचने से रोक सकती हैं। हालाँकि, ये आंतरिक बाधाएँ अपरिहार्य नहीं हैं। इनकी उपस्थिति को स्वीकार करके, उनके मूल को समझकर, और उन्हें पार करने की रणनीतियाँ विकसित करके, हम अपनी क्षमता को उजागर कर सकते हैं और एक उद्देश्यपूर्ण, जोशीले और संतोषजनक जीवन जी सकते हैं।

आत्म-संदेह हमारे मन में गूँजने वाली वह आवाज़ है जो हमारी क्षमताओं, मूल्य और क्षमता पर सवाल उठाती है। यह हमें बताती है कि हम पर्याप्त अच्छे, बुद्धिमान, या सक्षम नहीं हैं कि अपने लक्ष्यों को हासिल कर सकें। यह हमारे पिछले अनुभवों, नकारात्मक आत्म-चर्चा, या दूसरों से तुलना से उत्पन्न हो सकता है। आत्म-संदेह हमारे आत्मविश्वास को कमज़ोर कर सकता है, हमारी प्रेरणा को दबा सकता है, और हमें कार्रवाई करने से रोक सकता है।

दूसरी ओर, भय खतरों या जोखिमों के प्रति एक स्वाभाविक मानवीय प्रतिक्रिया है। यह चिंता, चिंता, या यहाँ तक कि घबराहट के रूप में प्रकट हो सकता है। भय हमें नुकसान से बचा सकता है, लेकिन यह हमें अपने सपनों को पूरा करने से भी रोक सकता है। असफलता, अस्वीकृति, या अज्ञात का भय हमें अपनी आरामदायक सीमाओं में फंसा सकता है और विकास और प्रगति के लिए आवश्यक जोखिम लेने से रोक सकता है।

आत्म-संदेह और भय को पार करने का पहला कदम उनकी उपस्थिति को स्वीकार करना है। हम अक्सर इन भावनाओं को अनदेखा करने या दबाने की कोशिश करते हैं, लेकिन यह केवल उन्हें बढ़ा देता है। अपनी शंकाओं और भय को स्वीकार करके, हम उन्हें समझना शुरू कर सकते हैं और उन्हें प्रबंधित करने की रणनीतियाँ विकसित कर सकते हैं।

आत्म-संदेह और भय की उत्पति को समझना महत्वपूर्ण है। अक्सर, ये भावनाएँ हमारे पिछले अनुभवों, नकारात्मक आत्म-चर्चा, या सामाजिक अपेक्षाओं से उत्पन्न होती हैं। इन मूल कारणों का पता लगाकर, हम यह समझ सकते हैं कि हम कैसा महसूस करते हैं और उन्हें पार करने के लिए अधिक प्रभावी रणनीतियाँ विकसित कर सकते हैं।

आत्म-संदेह को दूर करने की एक प्रभावी रणनीति नकारात्मक आत्म-चर्चा को चुनौती देना है। जब आप अपने बारे में नकारात्मक विचार सोचते हैं, तो खुद से पूछें कि क्या वे तथ्य या केवल धारणाओं पर आधारित हैं। क्या आप अपने प्रति अधिक आलोचनात्मक हो रहे हैं? क्या आप अपने आप को दूसरों से अनुचित रूप से तुलना कर रहे हैं? नकारात्मक आत्म-चर्चा को चुनौती देकर और इसे सकारात्मक पुष्टि के साथ बदलकर, आप धीरे-धीरे अपना आत्मविश्वास और आत्म-विश्वास बना सकते हैं।

एक और रणनीति अपनी ताकत और उपलब्धियों पर ध्यान केंद्रित करना है। अपनी उपलब्धियों की, चाहे वे छोटी हों या बड़ी, एक सूची बनाएं। उन चुनौतियों को याद करें जो आपने पार की हैं और जिन बाधाओं को आपने पार किया है। अपनी ताकत और उपलब्धियों पर ध्यान केंद्रित करके, आप अपनी आत्म-संदेह को आत्म-प्रशंसा में बदल सकते हैं।

भय को पार करने के लिए लचीलापन बनाना भी आवश्यक है। लचीलापन असफलताओं से उबरने, विफलताओं से सीखने, और आगे बढ़ते रहने की क्षमता है। इसमें एक विकासशील मानसिकता विकसित करना शामिल है, यह विश्वास करना कि आप अपने अनुभवों, विशेष रूप से कठिन लोगों, से सीख सकते हैं और बढ़ सकते हैं। लचीलापन बनाकर, आप अपने डर का सामना करने और अपने लक्ष्यों को प्राप्त करने के लिए आवश्यक जोखिम उठाने का साहस विकसित कर सकते हैं।

कार्रवाई करना आत्म-संदेह और भय को दूर करने के लिए एक और महत्वपूर्ण रणनीति है। जब हम इन भावनाओं से अभिभूत महसूस करते हैं, तो निष्क्रिय हो जाना और कार्रवाई से बचना आसान होता है। हालाँकि, अपने लक्ष्यों की ओर छोटे कदम उठाने से हमें गति और आत्मविश्वास बनाने में मदद मिल सकती है। अपने लक्ष्यों को छोटे, अधिक प्रबंधनीय कार्यों में विभाजित करके, हम प्रगति कर सकते हैं और अपने डर को पार कर सकते हैं।

अपने आप को सहायक लोगों से घेरना भी आवश्यक है। उन परामर्शदाताओं, कोचों, दोस्तों, और परिवार के सदस्यों की तलाश करें, जो आप पर विश्वास करते हैं और आपको अपने सपनों को पूरा करने के लिए प्रोत्साहित करते हैं। उनका समर्थन और प्रोत्साहन आत्म-संदेह और भय को दूर करने में अमूल्य हो सकता है।

इसके अतिरिक्त, आत्म-करुणा का अभ्यास करना भी आवश्यक है। हम अक्सर अपने सबसे कठोर आलोचक होते हैं, अपने आप से अवास्तविक मानकों की अपेक्षा करते हैं और अपनी गलतियों के लिए खुद को दोष देते हैं। आत्म-करुणा में अपने प्रति दया और समझदारी दिखाना, अपनी खामियों को स्वीकार करना, और अपनी गलतियों को माफ करना शामिल है। आत्म-करुणा का अभ्यास करके, हम एक अधिक सहायक और पोषणकारी आंतरिक वातावरण बना सकते हैं जो विकास और लचीलापन को बढ़ावा देता है।

अपनी क्षमता को उजागर करना आत्म-संदेह और भय को पूरी तरह समाप्त करने के बारे में नहीं है। ये भावनाएँ मानवीय अनुभव का एक स्वाभाविक हिस्सा हैं।

हालाँकि, इन्हें स्वीकार करके, इनके मूल को समझकर, और इन्हें प्रबंधित करने की रणनीतियाँ विकसित करके, हम उन्हें हमें रोकने से बचा सकते हैं। अपनी खामियों को स्वीकार करके, अपनी ताकत का जश्न मनाकर, और अपने लक्ष्यों की ओर साहसिक कदम उठाकर, हम अपनी पूरी क्षमता को उजागर कर सकते हैं और एक ऐसा जीवन बना सकते हैं जो अर्थपूर्ण और संतोषजनक हो। याद रखें, अपनी क्षमता को उजागर करने की यात्रा एक गंतव्य नहीं बल्कि एक सतत प्रक्रिया है। इसमें निरंतर आत्म-चिंतन, विकास, और लचीलापन की आवश्यकता होती है। लेकिन इसके लाभ अनमोल हैं। आत्म-संदेह और भय को पार करके, आप एक ऐसा जीवन जी सकते हैं जो आपके मूल्यों, जुनून, और सपनों के प्रति सच्चा हो।

"उसने अपनी क्षमता को उजागर किया, भय पर विजय पाकर नहीं, बल्कि उसके साथ नृत्य करके।"

भेद्यता को एक ताकत के रूप में अपनाकर, उसने अपने संदेह को विकास के लिए ईंधन में बदल दिया। उसकी यात्रा आत्म-स्वीकृति की शक्ति और अज्ञात में कदम रखने के साहस का प्रमाण है।

19

प्रामाणिकता के साथ नेतृत्व: अपने मूल्यों के प्रति सच्चे रहना

एक ऐसी दुनिया में, जहाँ अक्सर अनुरूपता और सामंजस्य का दबाव हावी रहता है, प्रामाणिकता के साथ नेतृत्व सच्चे नेतृत्व का एक प्रकाशस्तंभ बनकर उभरता है। प्रामाणिकता का अर्थ है हमारे आंतरिक मूल्यों, विश्वासों और कार्यों का मेल होना। यह सच्चा, पारदर्शी और आत्मसंगत होने के बारे में है, भले ही हमें चुनौतियों या सामंजस्य के दबाव का सामना करना पड़े। विशेष रूप से, पुरुष-प्रधान क्षेत्रों में नेतृत्व करने वाली महिलाओं के लिए, प्रामाणिकता के साथ नेतृत्व व्यक्तिगत और संगठनात्मक सफलता के लिए एक सशक्त साधन हो सकता है।

नेतृत्व में प्रामाणिकता का मतलब परिपूर्ण होना या सभी उत्तरों का होना नहीं है। यह अपनी ताकत और कमजोरियों को पहचानने और स्वीकारने, गलतियों को स्वीकारने और उनसे सीखने के बारे में है। यह संचार में खुले और पारदर्शी होने, दूसरों के साथ विश्वास और तालमेल बनाने, और सच्चे जुड़ाव और साझा उद्देश्य के माध्यम से उन्हें प्रेरित करने के बारे में है।

प्रामाणिक नेतृत्व के मौलिक पहलुओं में से एक है आत्म-जागरूकता। जो नेता अपने मूल्यों, विश्वासों और भावनाओं से जुड़े होते हैं, वे अपने सच्चे स्वभाव के साथ मेल खाने वाले निर्णय लेने में सक्षम होते हैं। वे दूसरों से विश्वास और

सम्मान हासिल करने की अधिक संभावना रखते हैं, क्योंकि उनके शब्द और कार्य सुसंगत होते हैं। यह आत्म-जागरूकता उन्हें ईमानदारी और प्रामाणिकता के साथ नेतृत्व करने की अनुमति देती है, भले ही वे कठिन विकल्पों या परस्पर विरोधी प्राथमिकताओं का सामना करें।

प्रामाणिकता के साथ नेतृत्व करना भेद्यता को अपनाने के बारे में भी है। इसका मतलब यह नहीं है कि व्यक्तिगत विवरण या कमजोरियों को अधिक साझा किया जाए, बल्कि अपनी सीमाओं को स्वीकारना और फीडबैक के लिए खुले रहना है। भेद्यता एक टीम के भीतर विश्वास और खुलेपन की संस्कृति को बढ़ावा दे सकती है, जिससे अन्य लोग अपनी भेद्यताओं और चुनौतियों को साझा करने के लिए प्रोत्साहित होते हैं। इससे बेहतर सहयोग, नवाचार, और अंततः बेहतर परिणाम उत्पन्न हो सकते हैं।

प्रामाणिक नेता मूल्य-चालित भी होते हैं। वे अपने मूल्यों और सिद्धांतों की स्पष्ट समझ रखते हैं और इनका उपयोग अपने निर्णयों और कार्यों को निर्देशित करने के लिए करते हैं। वे अपने विश्वासों के लिए खड़े होने से नहीं डरते, भले ही वह अलोकप्रिय या असुविधाजनक हो। इस मूल्यों के प्रति प्रतिबद्धता से दूसरों को प्रेरणा मिलती है और संगठन के भीतर उद्देश्य और अर्थ की भावना पैदा होती है।

पुरुष-प्रधान क्षेत्रों में, महिला नेताओं को अक्सर विशिष्ट चुनौतियों का सामना करना पड़ता है। वे पुरुषवादी मानदंडों के अनुरूप होने या अपनी स्त्रीत्व को कम करने के दबाव को महसूस कर सकती हैं। हालाँकि, प्रामाणिक नेतृत्व महिलाओं को अपनी अनूठी ताकत और दृष्टिकोण को अपनाने की अनुमति देता है, जो एक अधिक समावेशी और विविध नेतृत्व शैली की ओर ले जाता है। अपने मूल्यों के प्रति सच्चे रहकर और अपने प्रामाणिक स्वभाव को अपनाकर, महिला नेता दूसरों को प्रेरित कर सकती हैं, रूढ़ियों को चुनौती दे सकती हैं, और एक अधिक न्यायसंगत कार्यस्थल बना सकती हैं।

प्रामाणिकता टीम के भीतर मनोवैज्ञानिक सुरक्षा की भावना को भी बढ़ावा देती है। जब नेता अपने संघर्षों और चुनौतियों के बारे में खुले और ईमानदार होते हैं, तो यह ऐसा स्थान बनाता है जहाँ अन्य लोग भी ऐसा करने के लिए सुरक्षित महसूस करते हैं। इससे विश्वास, सहयोग, और नवाचार बढ़ सकता है, क्योंकि टीम के सदस्य

बिना निर्णय या प्रतिशोध के डर के अपने विचार साझा करने और जोखिम लेने के लिए सशक्त महसूस करते हैं।

प्रामाणिकता के साथ नेतृत्व करना हमेशा आसान नहीं होता। इसके लिए साहस, आत्म-चिंतन, और भेद्यता के लिए तत्परता की आवश्यकता होती है। हालाँकि, इसके परिणाम अत्यधिक प्रभावशाली हैं। प्रामाणिक नेता अपनी टीमों से विश्वास, निष्ठा, और प्रतिबद्धता को प्रेरित करते हैं। वे खुलेपन, सहयोग, और नवाचार की संस्कृति बनाते हैं। और वे टिकाऊ सफलता प्राप्त करने की अधिक संभावना रखते हैं, क्योंकि उनके कार्य उनके मूल्यों और सच्चे स्वभाव के साथ मेल खाते हैं।

एक ऐसी दुनिया में, जो लगातार बदल और विकसित हो रही है, प्रामाणिकता एक कालातीत नेतृत्व गुण है। यह एक ऐसा गुण है जो लिंग, जाति, और पृष्ठभूमि से परे है। यह एक ऐसा गुण है जो गहराई से लोगों के साथ प्रतिध्वनित होता है, उन्हें उनके सर्वोत्तम स्वभाव बनने और एक साझा लक्ष्य की दिशा में काम करने के लिए प्रेरित करता है।

नेतृत्व भूमिकाओं में महिलाओं के लिए, प्रामाणिकता केवल एक विकल्प नहीं है; यह एक आवश्यकता है। अपने मूल्यों के प्रति सच्चे रहकर और अपनी अनूठी ताकत को अपनाकर, महिला नेता बाधाओं को तोड़ सकती हैं, रूढ़ियों को चुनौती दे सकती हैं, और सभी के लिए एक अधिक समावेशी और न्यायसंगत भविष्य बना सकती हैं। भविष्य केवल महिला का नहीं है; यह प्रामाणिक है।

"प्रामाणिकता उसका दिशा-निर्देशक थी, जिसने उसे नेतृत्व की भूलभुलैया में मार्गदर्शन किया।"

अडिग ईमानदारी के साथ, उसने अपने दिल से नेतृत्व किया और दूसरों को भी ऐसा करने के लिए प्रेरित किया। उसकी यात्रा सच्चाई के साथ नेतृत्व करने की शक्ति और सच्चे जुड़ाव के परिवर्तनकारी प्रभाव का प्रमाण है।

20

बाधाओं से परे: किसी भी क्षेत्र में महिलाओं की सफलता का खाका

21वीं सदी के निरंतर बदलते परिदृश्य में, महिलाएं विभिन्न क्षेत्रों में कांच की दीवारों को तोड़ रही हैं और बाधाओं को पार कर रही हैं। हालांकि प्रगति हुई है, लेकिन सच्ची लैंगिक समानता की यात्रा अभी समाप्त नहीं हुई है। "बाधाओं से परे" महिलाओं की सफलता का एक खाका है, जो चुनौतियों का सामना करने और किसी भी चुने हुए क्षेत्र में अपनी पूरी क्षमता को उजागर करने के लिए एक मार्गदर्शिका है। यह विपरीत परिस्थितियों का सामना करते हुए महिलाओं की दृढ़ता, संकल्प, और अडिग आत्मा का प्रमाण है।

इस खाके के केंद्र में आत्म-विश्वास का मौलिक सिद्धांत है। महिलाओं को अपनी क्षमताओं, अपने मूल्य, और महानता प्राप्त करने की अपनी क्षमता पर विश्वास करना चाहिए। इसका अर्थ है सामाजिक मानदंडों और अपेक्षाओं को चुनौती देना, आंतरिक पूर्वाग्रहों को दूर करना, और अपनी अनूठी ताकतों और दृष्टिकोणों को अपनाना। यह यह पहचानने के बारे में है कि उनका लिंग कोई सीमा नहीं बल्कि शक्ति और दृढ़ता का स्रोत है।

शिक्षा और कौशल विकास इस खाके के महत्वपूर्ण घटक हैं। महिलाओं को अपनी शिक्षा में निवेश करने और बदलते हुए नौकरी बाजार में प्रतिस्पर्धी बने रहने के

लिए लगातार अपने कौशल को अपडेट करने की आवश्यकता है। इसमें उच्च शिक्षा प्राप्त करना, कार्यशालाओं और सम्मेलनों में भाग लेना, और अनुभवी पेशेवरों से परामर्श लेना शामिल है। अपने ज्ञान और कौशल में निवेश करके, महिलाएं अपनी विशेषज्ञता बढ़ा सकती हैं, आत्मविश्वास में सुधार कर सकती हैं, और नए अवसरों के द्वार खोल सकती हैं।

नेटवर्किंग और संबंध बनाना भी महिलाओं की सफलता के लिए आवश्यक है। संरक्षक, साथियों, और सहयोगियों का एक मजबूत नेटवर्क बनाना अमूल्य समर्थन, मार्गदर्शन, और अवसर प्रदान कर सकता है। महिलाओं के लिए यह महत्वपूर्ण है कि वे अपने क्षेत्र में अन्य महिलाओं के साथ-साथ लैंगिक समानता के लिए प्रतिबद्ध पुरुष सहयोगियों से भी जुड़ें। ये संबंध अनुभव साझा करने, सलाह लेने, और समर्थन का एक समुदाय बनाने के लिए एक सुरक्षित स्थान प्रदान कर सकते हैं।

वकालत और आत्म-प्रचार भी उतने ही महत्वपूर्ण हैं। महिलाओं को अपनी उपलब्धियों के लिए खुद चैंपियन बनना चाहिए, अपने कार्यों के लिए आवाज उठानी चाहिए, और अपनी जरूरतों और आकांक्षाओं की वकालत करनी चाहिए। इसमें उचित मुआवजे के लिए बातचीत करना, पदोन्नति की मांग करना, और जो वे योग्य हैं उसे पाने के लिए कहना शामिल है। इसका मतलब अपनी सफलताओं का जश्न मनाना और अपनी कहानियों को साझा करना भी है, ताकि अन्य महिलाओं को प्रेरित और सशक्त किया जा सके।

कार्यस्थल की चुनौतियों का सामना करना इस खाके का एक और महत्वपूर्ण पहलू है। कार्यस्थल में महिलाएं अक्सर अद्वितीय चुनौतियों का सामना करती हैं, जैसे कि अवचेतन पूर्वाग्रह, सूक्ष्म आक्रमण, और "डबल बाइंड" का अनुभव कि उन्हें या तो बहुत आक्रामक या बहुत विनम्र समझा जाए। इन चुनौतियों को संबोधित करने के लिए रणनीतियाँ विकसित करके, जैसे कि मुखरता प्रशिक्षण, बातचीत कौशल, और संघर्ष समाधान, महिलाएं अपने लिए और दूसरों के लिए एक अधिक समावेशी और सहायक कार्य वातावरण बना सकती हैं।

काम और जीवन के संतुलन को बनाए रखना भी एक महत्वपूर्ण विचार है। महिलाएं अक्सर देखभाल की जिम्मेदारियों का बोझ उठाती हैं, जिससे उनके

पेशेवर और व्यक्तिगत जीवन को संतुलित करना चुनौतीपूर्ण हो जाता है। हालाँकि, सीमाएँ तय करके, आत्म-देखभाल को प्राथमिकता देकर, और भागीदारों, परिवार, और दोस्तों से समर्थन प्राप्त करके, महिलाएं अपने काम और व्यक्तिगत जीवन के बीच अधिक सामंजस्यपूर्ण संतुलन प्राप्त कर सकती हैं।

किसी भी क्षेत्र में नेविगेट करने के लिए महिलाओं के लिए लचीलापन और दृढ़ता आवश्यक गुण हैं। असफलताएँ और विफलताएँ अपरिहार्य हैं, लेकिन उन्हें रोडब्लॉक के बजाय सीखने के अवसरों के रूप में देखना महत्वपूर्ण है। लचीलापन विकसित करके, महिलाएं विपरीत परिस्थितियों से उबर सकती हैं, अपनी गलतियों से सीख सकती हैं, और अपने लक्ष्यों को नए संकल्प के साथ आगे बढ़ा सकती हैं।

महिलाओं की सफलता का खाका "सभी के लिए उपयुक्त" समाधान नहीं है। यह एक गतिशील और विकसित होने वाला ढांचा है जिसे व्यक्तिगत परिस्थितियों और लक्ष्यों के अनुसार अनुकूलित करने की आवश्यकता है। हालाँकि, ऊपर बताए गए सिद्धांत महिलाओं के लिए अपनी चुनी हुई राह पर नेविगेट करते हुए निर्माण के लिए एक ठोस आधार प्रदान करते हैं।

आत्म-विश्वास को अपनाकर, शिक्षा और कौशल विकास में निवेश करके, मजबूत नेटवर्क बनाकर, अपने लिए वकालत करके, कार्यस्थल की चुनौतियों को नेविगेट करके, काम और जीवन के संतुलन को प्राथमिकता देकर, और लचीलापन विकसित करके, महिलाएं अपनी पूरी क्षमता को उजागर कर सकती हैं और किसी भी क्षेत्र में सफलता प्राप्त कर सकती हैं। जो महिलाएं बाधाओं को तोड़ने, यथास्थिति को चुनौती देने, और अपनी सफलता के लिए अपना रास्ता बनाने के लिए तैयार हैं, उनके लिए भविष्य उज्ज्वल है। यह एक ऐसा भविष्य है जहाँ महिलाएँ केवल समान नहीं बल्कि नेतृत्व करने और दुनिया पर स्थायी प्रभाव डालने के लिए सशक्त हैं।

"बाधाओं से परे, वह ऊँची उड़ान भरती है, हर महिला के भीतर की असीम क्षमता का प्रमाण।"

दृढ़ता, संकल्प, और अडिग आत्म-विश्वास के साथ, उसने अपेक्षाओं को चुनौती दी और असंभव को प्राप्त किया। उसकी यात्रा उन सभी के लिए प्रेरणा है जो बड़े सपने देखने, सीमाओं से मुक्त होने, और एक ऐसा जीवन बनाने का साहस रखते हैं जो वास्तव में उनका अपना हो।

૭

21
सारांश

"सीमाओं से परे: पुरुष-प्रधान क्षेत्रों में महिलाओं की प्रगति" विपरीत परिस्थितियों में महिलाओं की दृढ़ता, संकल्प, और अडिग आत्मा का प्रमाण है। यह पुस्तक उन महिलाओं की बहुआयामी यात्रा को उजागर करती है जिन्होंने पारंपरिक रूप से पुरुष-प्रधान क्षेत्रों में कदम रखा और उत्कृष्टता हासिल की। यह सारांश अध्याय पुस्तक में प्रस्तुत मुख्य शिक्षाओं और अंतर्दृष्टियों को समेटता है, जो किसी भी क्षेत्र में महिलाओं की सफलता के लिए एक खाका प्रदान करता है।

पुस्तक उन अग्रणी महिलाओं को सम्मानित करने से शुरू होती है जिन्होंने आने वाली पीढ़ियों के लिए मार्ग प्रशस्त किया। इन पथप्रदर्शकों ने कांच की दीवारों को तोड़ा, उम्मीदों को चुनौती दी, और लिंग से जुड़ी रूढ़ियों का विरोध किया, यह साबित करते हुए कि महिलाएँ किसी भी क्षेत्र में महानता हासिल करने में सक्षम हैं। उनकी दृढ़ता और संकल्प की कहानियाँ आकांक्षी महिला नेताओं के लिए प्रेरणा का स्रोत हैं।

इस आधार पर आगे बढ़ते हुए, पुस्तक पुरुष-प्रधान क्षेत्रों में महिलाओं के सामने आने वाली विभिन्न चुनौतियों की पड़ताल करती है, जैसे कि पूर्वाग्रह और भेदभाव को नेविगेट करना और करियर और व्यक्तिगत जीवन को संतुलित करना। यह इन चुनौतियों को पार करने के लिए व्यावहारिक रणनीतियाँ प्रदान करती है, जैसे कि मजबूत नेटवर्क बनाना, अपनी आवाज़ को ढूँढना, और अपने लिए वकालत करना। यह मेंटरशिप और रोल मॉडल्स के महत्व पर जोर देती है, और महिला नेताओं की शक्ति को उजागर करती है जो युवा महिलाओं का मार्गदर्शन और

प्रेरणा कर सकती हैं।

पुस्तक व्यक्तिगत विकास और सशक्तिकरण के महत्व को भी उजागर करती है। यह महिलाओं से आग्रह करती है कि वे अपनी उपलब्धियों को अपनाएँ, आत्म-संदेह पर काबू पाएँ, और अपनी पूरी क्षमता को उजागर करें। यह अपने मूल्यों के प्रति सच्चे रहने, प्रामाणिकता के साथ नेतृत्व करने, और विविधता को ताकत के स्रोत के रूप में अपनाने के महत्व पर जोर देती है।

एक अधिक समावेशी कार्यस्थल बनाना पुस्तक का एक और प्रमुख विषय है। यह खेल को बदलने के लिए रणनीतियाँ प्रस्तुत करती है, जिसमें लिंग से जुड़ी रूढ़ियों को चुनौती देना, विविधता और समावेश को बढ़ावा देना, और सम्मान और समानता की संस्कृति को बढ़ावा देना शामिल है। यह सहयोग की शक्ति पर जोर देती है और परिवर्तन लाने और सभी के लिए एक अधिक न्यायसंगत दुनिया बनाने के लिए सहयोगियों के साथ काम करने के महत्व को उजागर करती है।

पुस्तक किसी भी क्षेत्र में महिलाओं की सफलता के लिए एक व्यापक खाका प्रस्तुत करके समाप्त होती है। इस खाके में शिक्षा और कौशल विकास में निवेश करने से लेकर मजबूत नेटवर्क बनाने और अपने लिए वकालत करने तक की रणनीतियाँ शामिल हैं। यह आत्म-विश्वास, दृढ़ता, और अपनी क्षमताओं में मजबूत विश्वास के महत्व पर जोर देती है। यह काम-जीवन संतुलन, आत्म-देखभाल, और निरंतर सीखने की आवश्यकता को भी रेखांकित करती है।

आखिरकार, "बियॉन्ड बैरियर्स" दुनिया भर की महिलाओं के लिए एक आह्वान है। यह याद दिलाती है कि महिलाएँ जो चाहें वह हासिल करने में सक्षम हैं, चाहे वे किसी भी चुनौती का सामना करें। यह महिलाओं की उपलब्धियों का उत्सव और भविष्य की सफलता का एक रोडमैप है। इस पुस्तक में प्रस्तुत पाठों और अंतर्दृष्टियों को अपनाकर, महिलाएँ बाधाओं को तोड़ सकती हैं, कांच की दीवारों को चकनाचूर कर सकती हैं, और अपने लिए और आने वाली पीढ़ियों के लिए एक अधिक न्यायसंगत और समावेशी दुनिया बना सकती हैं।

यह पुस्तक यह याद दिलाती है कि भविष्य महिला का है। युवा महिलाओं को नेतृत्व के लिए सशक्त बनाकर, विविधता का उत्सव मनाकर, और एक अधिक

न्यायसंगत दुनिया बनाकर, हम मानवता की पूरी क्षमता को उजागर कर सकते हैं और सभी के लिए एक उज्जवल भविष्य का निर्माण कर सकते हैं। यह केवल एक दृष्टि नहीं है; यह हर उस व्यक्ति के लिए एक आह्वान है जो एक ऐसी दुनिया में विश्वास करता है, जहाँ महिलाएँ न केवल समान हैं, बल्कि नेतृत्व करने और दुनिया पर स्थायी प्रभाव डालने के लिए सशक्त हैं।

उद्धरण और संदर्भ

यह पुस्तक व्यापक अनुसंधान और सूक्ष्म विश्लेषण का परिणाम है, जिसमें विभिन्न स्रोतों जैसे अनेक पुस्तकों, विद्वानों के अध्ययन और व्यक्तिगत अनुभवों को सम्मिलित किया गया है। इसके अतिरिक्त, मैंने इस कार्य को संकलित करने के लिए प्रासंगिक जानकारी और आंकड़े जुटाने हेतु विभिन्न वेबसाइटों की भी खोज की है। मैंने प्रस्तुत जानकारी की सटीकता सुनिश्चित करने के लिए हर संभव प्रयास किया है और सभी स्रोतों का विधिपूर्वक उल्लेख किया है ताकि उनके योगदान को सम्मानित किया जा सके।

इन प्रयासों के बावजूद, अनजाने में त्रुटियाँ होने की संभावना बनी रहती है। मैं अपने पाठकों के विचारों को अत्यधिक महत्व देता हूँ और किसी भी ऐसी त्रुटि की पहचान करने और उसे सुधारने के लिए आपके फीडबैक का स्वागत करता हूँ। मैं आपसे आग्रह करता हूँ कि किसी भी प्रकार की विसंगतियों को मेरी जानकारी में लाएँ।

आपका फीडबैक न केवल स्वागत योग्य है बल्कि अत्यावश्यक भी है, क्योंकि यह वर्तमान संस्करण में सुधार लाने और भविष्य के संस्करणों की सामग्री को और बेहतर बनाने में मदद करेगा। मैं अपनी कृतियों में उच्चतम स्तर की सटीकता और विश्वसनीयता बनाए रखने के प्रति प्रतिबद्ध हूँ और आपके समर्थन और समझ के लिए धन्यवाद देता हूँ।

इसके अतिरिक्त, मैं संविधान के अनुच्छेद 19(1)(क) के तहत गारंटीकृत अभिव्यक्ति की स्वतंत्रता के सिद्धांत का दृढ़ता से पालन करती हूँ और अपने सभी पाठकों के विविध दृष्टिकोणों और अभिव्यक्तियों का सम्मान करता हूँ।

Other Books Of The Author

1. Empowering Minds: A Journey into Women's Self-Discovery and Power
2. The Dynamics of Motivation: Catalyzing Thought into Action
3. Meditation and Mental Well Being: The Path to Inner Peace and Clarity
4. The Psychology of Child Education: Nurturing Future Generations
5. Ethical Enlightenment: A Modern Guide to Living with Integrity
6. Voices of Empowerment: Stories of Women Rising Against Odds
7. Social Psychology in Everyday Life: Understanding Human Connections
8. The Essence of Motivational Speaking: Inspiring Change in Others
9. Balancing Acts: Women, Work, and the Will to Lead
10. Guiding with Grace: Raising Children with Compassion and Awareness
11. The Power of Positive Aging: Embracing Life After Fifty
12. Building Resilient Communities: Social Work in Action
13. The Ethical Educator: Principles for Teaching and Learning
14. Innovative solutions for Social Change: The Role of Social Psychology for crafting a Better World
15. The Ethics of Empathy: A Guide to Ethical Living
16. The Science of Empowering the Self: Navigating Life's Challenges with Psychological Wisdom
17. The Mindful Conscious Leader: Meditation Techniques for Modern Management
18. Pioneering Spirit: Women's Pathways to Leadership and Empowerment
19. Feeling to Healing: The Role of Emotional Intelligence in Child Development
20. Transformative Talks and Words of Inspiration: Insights into

Motivational Oratory

43. Altruistic Alchemy: Transforming Lives Through Giving
44. The Blueprint of Pro-Activeness and Productivity: Crafting Habits for Success
45. The Simplicity with Grounded Wisdom: Embracing Authenticity in a Complex World
46. Secret of Solopreneur's Odyssey: Navigating the Path to Self-Employment
47. Exploring Tapestry of Peace: Global Perspectives on Harmony
48. The Art and Actions of Connection: Mastering Communication for Impact
49. She Governs and at the Helm: Strategies for Political Empowerment
50. Rising Above and Rising with Grace: A Woman's Roadmap to Career Mastery
51. The Effect of Networking & Connectedness: Building Strategic Alliances for Women
52. Beyond his Barriers: Women Thriving in Male-Dominated Fields
53. Secret of Inner Compass: Navigating Life with Intuition
54. Creative & Pro-Active Muses: A Celebration of Women in the Arts
55. Unburdened: The Art of Releasing the Past
56. Amplified Voices: Speeches of Women that Astonished the World
57. Secret of Manifesting Dreams: A Woman's Guide to Intentional Living
58. Ethics and Value Based Education: Reimagining Japan's School System
59. The Moral Compass Curriculum: A Holistic Approach
60. Tech with Heart: Integrating Ethics into Digital Learning
61. Honoring Virtue: Recognizing Ethical Excellence in Education
62. Raising Good Humans: A Guide to Character Development
63. The Spark Within: Nurturing Creativity in Children
64. The Teenager Whisperer: Navigating Adolescence with Grace
65. Igniting a Passion for Learning: Inspiring Lifelong Curiosity
66. The Habit Lab: Cultivating Positive Behaviors in Children

67. Seeds of Empathy: Fostering Compassion in Young Hearts
68. The Reading Revolution: Inspiring a Love of Books in Children
69. The Learning Brain: Unlocking the Secrets of Student Success
70. Teaching for All: Differentiated Instruction Strategies
71. The Time Alchemist: Mastering Time Management for Peak Performance
72. The Resilience Factor: Transforming Setbacks into Stepping Stones
73. The Healing Touch of Nature: An Introduction to Naturopathy
74. Echoes of the Past: Healing Through Past Life Regression
75. The Spiritual Healer's Handbook: Exploring Energy Medicine
76. Crystal Clarity: Unveiling the Power of Gemstones
77. The Dream Weaver's Guide: Decoding the Language of Dreams
78. Emotional Alchemy: Transforming Pain into Power
79. Sonic Serenity: Harnessing Sound for Stress Relief
80. The Entrepreneur's Playbook: Launching Your Business with Confidence
81. Productivity Unleashed: Time Management Strategies for Entrepreneurs
82. The Problem Solver's Toolkit: Creative Solutions for Business Challenges
83. The Future is Now: Emerging Trends in Business
84. The Curious Explorer: A Child's Guide to Scientific Discovery
85. Digital Pioneers: Empowering Kids in the Tech World
86. The Young Philosopher's Guide: Exploring Life's Big Questions
87. Finding Your Voice: Communication Skills for Confident Kids
88. Nature's Playground: A Child's Guide to Outdoor Adventure
89. Growing a Greener Tomorrow: A Guide to Tree Planting & Conservation
90. Driving with Purpose: Ethical Choices on the Road
91. The Healing Touch: Cultivating Compassion in Healthcare
92. Navigating the Digital Landscape: Ethics in the Age of Social Media
93. The Ethical Closet: A Guide to Sustainable Fashion
94. The Mindful Voyager: Sustainable Travel Practices

☙

Contact

Dr. Minakshi Bansal
Social Activist
Ahmedabad, Gujarat, Bharat
dhanyamfoundation@gmail.com

|| LOKAHA SAMASTHAHA SUKHINO BHAVANTU ||

• 135 •